Collection folio junior

dirigée par
Jean-Olivier Héron
et Pierre Marchand

C'est une Provence qui semble ne plus exister que nous raconte **Alphonse Daudet.**

Mais dans ce pays de soleil, marchez plus lentement, regardez bien, mettez votre oreille aux aguets... Vous voyez ? Vous entendez ? Ils sont tous là : le Père Gaucher, le Sous-Préfet, la mule du Pape ; et ce petit garçon qui monte le chemin vers le moulin de Maître Cornille ? Il s'appelle Alphonse Daudet, et il est né le 13 mai 1840. Toute son enfance, il la passe en Provence. Et puis il va étudier à Lyon, avant de « monter » à Paris pour y tenter l'aventure littéraire. Un an plus tard, Alphonse Daudet sait qu'il a eu raison : un recueil de poèmes, *Les amoureuses,* lui ouvre les portes du succès, et aussi la possibilité d'écrire : des pièces de théâtre, des contes, des romans. *Lettres de mon moulin* en 1866, *Tartarin de Tarascon* en 1872, *Le Petit Chose* en 1868, les *Contes du lundi* en 1873...

Alphonse Daudet avait épousé Julie Allard, avec laquelle il avait eu deux fils : Léon et Lucien, qui furent aussi tous deux des écrivains.

Il est mort à Paris, le 15 décembre 1897.

Michel Politzer a quitté avec sa famille, voilà quelques années, Paris où il vivait, pour habiter en Bretagne, dans un petit village.

Ce qui se comprend bien quand on aime la nature comme il l'aime.

En compagnie de sa femme, il a publié de nombreux ouvrages illustrés : par exemple les *Carnets de croquis de Robin des Bois ;* et des livres d'activité qui sont en eux-mêmes de véritables romans d'aventures.

Henri Galeron, auteur de la couverture des *Lettres de mon moulin,* est né en 1939, dans les Bouches-du-Rhône. Henri Galeron aime à dire qu'il ne dessinerait pas s'il pouvait vivre de la pêche à la ligne... mais comme, heureusement, ce n'est pas le cas, il a illustré quelques livres chez Harlin Quist, beaucoup de couvertures de livres, de pochettes de disques, et de nombreuses pages de magazines. Enfin, Henri Galeron doit être très sévère avec ses enfants, pour qu'ils ne cassent pas ses jouets mécaniques !

Alphonse Daudet

Lettres de mon moulin

Illustrations de Michel Politzer

Gallimard

AVANT-PROPOS

Par-devant maître Honorat Grapazi, notaire à la résidence de Pampérigouste,

« A comparu :

« Le sieur Gaspard Mitiflo, époux de Vivette Cornille, *ménager* au lieudit des Cigalières et y demeurant :

« Lequel par ces présentes a vendu et transporté sous les garanties de droit et de fait, et en franchise de toutes dettes, privilèges et hypothèques,

« Au sieur Alphonse Daudet, poète, demeurant à Paris, à ce présent et ce acceptant,

« Un moulin à vent et à farine, sis dans la vallée du Rhône, au plein cœur de Provence, sur une côte boisée de pins et de chênes verts; étant ledit moulin abandonné depuis plus de vingt années et hors d'état de moudre, comme il appert des vignes sauvages, mousses, romarins, et autres verdures parasites qui lui grimpent jusqu'au bout des ailes;

« Ce nonobstant, tel qu'il est et se comporte, avec sa grande roue cassée, sa plate-forme où l'herbe pousse dans les briques, déclare le sieur Daudet trouve ledit moulin à sa convenance et pouvant servir à ses travaux de poésie, l'accepte à ses risques et périls, et sans aucun recours contre le vendeur, pour cause de réparations qui pourraient y être faites.

« Cette vente a lieu en bloc moyennant le prix convenu, que le sieur Daudet, poète, a mis et déposé sur le bureau en espèces de cours, lequel prix a été de suite touché et retiré par le sieur Mitiflo, le tout à la vue des notaires et des témoins soussignés, dont quittance sous réserve.

« Acte fait à Pampérigouste en l'étude Honorat, en présence de Francet Mamaï, joueur de fifre, et de Louiset dit le Quique, porte-croix des pénitents blancs ;

« Qui ont signé avec les parties et le notaire après lecture... »

INSTALLATION

Ce sont les lapins qui ont été étonnés!... Depuis si longtemps qu'ils voyaient la porte du moulin fermée, les murs et la plate-forme envahis par les herbes, ils avaient fini par croire que la race des meuniers était éteinte, et, trouvant la place bonne, ils en avaient fait quelque chose comme un quartier général, un centre d'opérations stratégiques : le moulin de Jemmapes des lapins... La nuit de mon arrivée, il y en avait bien, sans mentir, une vingtaine assis en rond sur la plate-forme, en train de se chauffer les pattes à un rayon de lune... Le temps d'entrouvrir une lucarne, frrt! voilà le bivouac en déroute, et tous ces petits derrières blancs qui détalent, la queue en l'air, dans le fourré. J'espère bien qu'ils reviendront.

Quelqu'un de très étonné aussi, en me voyant, c'est le locataire du premier, un vieux hibou sinistre à la tête de penseur, qui habite le moulin depuis plus de vingt ans. Je l'ai trouvé dans la chambre du haut, immobile et droit sur l'arbre de couche, au milieu des plâtras, des tuiles tombées. Il m'a regardé un moment avec son œil rond; puis, tout effaré de ne pas me reconnaître, il s'est mis à faire : « Hou! Hou! » et à secouer péniblement ses ailes grises de poussière; — ces diables de penseurs! ça ne se brosse jamais... N'importe! tel qu'il est, avec ses yeux clignotants et sa mine renfrognée, ce locataire silencieux me plaît encore mieux qu'un autre, et je me suis empressé de lui renouveler son bail. Il garde comme dans le passé tout le haut du moulin avec une entrée par le toit; moi je me réserve la pièce du bas, une petite pièce blanchie à la chaux, basse et voûtée comme un réfectoire de couvent.

*

C'est de là que je vous écris, ma porte grande ouverte, au bon soleil.

Un joli bois de pins tout étincelant de lumière dégringole devant moi jusqu'au bas de la côte. A l'horizon, les Alpilles découpent leurs crêtes fines... Pas de bruit... A peine, de loin en loin, un son de fifre, un courlis dans les lavandes, un grelot de mules sur la route... Tout ce beau paysage provençal ne vit que par la lumière.

Et maintenant, comment voulez-vous que je le regrette, votre Paris bruyant et noir? Je suis si bien dans mon moulin! C'est si bien le coin que je cherchais, un petit coin parfumé et chaud, à mille lieues des journaux, des fiacres, du brouillard!... Et que de jolies choses autour de moi! Il y a à peine huit jours que je suis installé, j'ai déjà la tête bourrée d'impressions et de souvenirs... Tenez! pas plus tard qu'hier soir, j'ai assisté à la rentrée des troupeaux dans un *mas* (une ferme) qui est au bas de la côte, et je vous jure que je ne donnerais pas ce spectacle pour toutes les *premières* que vous avez eues à Paris cette semaine. Jugez plutôt.

Il faut vous dire qu'en Provence, c'est l'usage, quand viennent les chaleurs, d'envoyer le bétail dans les Alpes. Bêtes et gens passent cinq ou six mois là-haut, logés à la belle étoile, dans l'herbe jusqu'au ventre; puis, au premier frisson de l'automne, on redescend au *mas*, et l'on revient brouter bourgeoisement les petites collines grises que parfume le romarin... Donc hier soir les troupeaux rentraient. Depuis le matin, le portail attendait, ouvert à deux battants; les bergeries étaient pleines de paille fraîche. D'heure en heure on se disait : « Maintenant ils sont à Eyguières, maintenant au Paradou. » Puis, tout à coup, vers le soir, un grand cri : « Les voilà! » et là-bas, au lointain, nous voyons le troupeau s'avancer dans une gloire de poussière. Toute la route semble marcher avec lui... Les vieux béliers viennent d'abord, la corne en avant, l'air sauvage; derrière eux le gros des moutons, les mères un peu lasses, leurs nourrissons dans les pattes; — les mules à pompons rouges portant dans des paniers les agnelets d'un jour qu'elles bercent en marchant; puis les chiens tout suants, avec des langues jusqu'à terre, et deux grands coquins de bergers drapés dans des manteaux de cadis roux qui leur tombent sur les talons comme des chapes.

Tout cela défile devant nous joyeusement et s'engouffre sous le portail, en piétinant avec un bruit d'averse... Il faut voir quel émoi dans la maison. Du haut de leur perchoir, les gros paons vert et or, à crête de tulle, ont reconnu les arrivants et les accueillent par un formidable coup de trompette. Le poulailler, qui s'endormait, se réveille en sursaut. Tout le monde est sur pied : pigeons, canards, dindons, pintades. La basse-cour est comme folle; les poules parlent de passer la nuit!... On dirait que chaque mouton a rapporté dans sa laine, avec un parfum d'Alpe sauvage, un peu de cet air vif des montagnes qui grise et qui fait danser.

C'est au milieu de tout ce train que le troupeau gagne son gîte. Rien de charmant comme cette installation. Les vieux béliers s'attendrissent en revoyant leur crèche. Les agneaux, les tout petits, ceux qui sont nés dans le voyage et n'ont jamais vu la ferme, regardent autour d'eux avec étonnement.

Mais le plus touchant encore, ce sont les chiens, ces braves chiens de berger, tout affairés après leurs bêtes et ne voyant qu'elles dans le *mas*. Le chien de garde a beau les appeler du fond de sa niche; le seau du puits, tout plein d'eau fraîche, a beau leur faire signe : ils ne veulent rien voir, rien entendre, avant que le bétail soit rentré, le gros loquet poussé sur la petite porte à claire-voie, et les bergers attablés dans la salle basse. Alors seulement ils consentent à gagner le chenil, et là, tout en lapant leur écuellée de soupe, ils racontent à leurs camarades de la ferme ce qu'ils ont fait là-haut dans la montagne, un pays noir où il y a des loups et de grandes digitales de pourpre pleines de rosée jusqu'au bord.

LA DILIGENCE DE BEAUCAIRE

C'était le jour de mon arrivée ici. J'avais pris la diligence de Beaucaire, une bonne vieille patache qui n'a pas grand chemin à faire avant d'être rendue chez elle, mais qui flâne tout le long de la route, pour avoir l'air, le soir, d'arriver de très loin. Nous étions cinq sur l'impériale sans compter le conducteur.

D'abord un gardien de Camargue, petit homme trapu, poilu, sentant le fauve, avec de gros yeux pleins de sang et des anneaux d'argent aux oreilles; puis deux Beaucairois, un boulanger et son *gindre*, tous deux très rouges, très poussifs, mais des profils superbes, deux médailles romaines à l'effigie de Vitellius. Enfin, sur le devant, près d'un conducteur, un homme... non! une casquette, une énorme casquette en peau de lapin, qui ne disait pas grand-chose et regardait la route d'un air triste.

Tous ces gens-là se connaissaient entre eux et parlaient tout haut de leurs affaires, très librement. Le Camarguais racontait qu'il venait de Nîmes, mandé par le juge d'instruction pour un coup de fourche donné à un berger. On a le sang vif en Camargue... Et à Beaucaire donc! Est-ce que nos deux Beaucairois ne voulaient pas s'égorger à propos de la Sainte Vierge? Il paraît que le boulanger était d'une paroisse depuis longtemps vouée à la madone, celle que les Provençaux appellent la *bonne mère* et qui porte le petit Jésus dans ses bras; le gindre, au contraire, chantait au lutrin d'une église toute neuve qui s'était consacrée à l'Immaculée Conception, cette belle image souriante qu'on représente les bras pendants, les mains pleines de rayons. La querelle venait de là. Il fallait voir comme ces deux bons catholiques se traitaient, eux et leurs madones :

« Elle est jolie, ton immaculée!

— Va-t'en donc avec ta bonne mère!

— Elle en a vu de grises, la tienne, en Palestine!

— Et la tienne, hou! la laide! Qui sait ce qu'elle n'a pas fait... Demande plutôt à saint Joseph. »

Pour se croire sur le port de Naples, il ne manquait plus que de voir luire les couteaux, et ma foi, je crois bien que ce beau tournoi théologique se serait terminé par là si le conducteur n'était pas intervenu.

« Laissez-nous donc tranquilles avec vos madones, dit-il en riant aux Beaucairois : tout ça, c'est des histoires de femmes, les hommes ne doivent pas s'en mêler. »

Là-dessus, il fit claquer son fouet d'un petit air sceptique qui rangea tout le monde de son avis.

La discussion était finie; mais le boulanger, mis en train, avait besoin de dépenser le restant de sa verve, et, se tournant vers la malheureuse casquette, silencieuse et triste dans son coin, il lui dit d'un air goguenard :

« Et ta femme, à toi, rémouleur?... Pour quelle paroisse tient-elle? »

Il faut croire qu'il y avait dans cette phrase une intention très comique, car l'impériale tout entière partit d'un gros éclat de rire... Le rémouleur ne riait pas, lui. Il n'avait pas l'air d'entendre. Voyant cela, le boulanger se tourna de mon côté :

« Vous ne la connaissez pas sa femme, monsieur? une drôle de paroisienne, allez! Il n'y en a pas deux comme elle dans Beaucaire. »

Les rires redoublèrent. Le rémouleur ne bougea

pas; il se contenta de dire tout bas, sans lever la tête :

« Tais-toi, boulanger. »

Mais ce diable de boulanger n'avait pas envie de se taire, et il reprit de plus belle :

« Viédase! Le camarade n'est pas à plaindre d'avoir une femme comme celle-là... Pas moyen de s'ennuyer un moment avec elle... Pensez donc! une belle qui se fait enlever tous les six mois, elle a toujours quelque chose à vous raconter quand elle revient... C'est égal, c'est un drôle de petit ménage... Figurez-vous, monsieur, qu'ils n'étaient pas mariés depuis un an, paf! voilà la femme qui part en Espagne avec un marchand de chocolat.

« Le mari reste seul chez lui à pleurer et à boire... Il était comme fou. Au bout de quelque temps, la belle est revenue dans le pays, habillée en Espagnole, avec un petit tambour à grelots. Nous lui disions tous :

« — Cache-toi; il va te tuer. »

« Ah! ben oui; la tuer... Ils se sont remis ensemble

bien tranquillement, et elle lui a appris à jouer du tambour de basque. »

Il y eut une nouvelle explosion de rires. Dans son coin, sans lever la tête, le rémouleur murmura encore :

« Tais-toi, boulanger. »

Le boulanger n'y prit pas garde et continua :

« Vous croyez peut-être, monsieur, qu'après son retour d'Espagne la belle s'est tenue tranquille... Ah ! mais non... Son mari avait si bien pris la chose ! Ça lui a donné envie de recommencer... Après l'Espagnol, ç'a été un officier, puis un marinier du Rhône, puis un musicien, puis un... Est-ce que je sais ? Ce qu'il y a de bon, c'est que chaque fois c'est la même comédie. La femme part, le mari pleure ; elle revient, il se console. Et toujours on la lui enlève, et toujours il la reprend... Croyez-vous qu'il a de la patience, ce mari-là ! Il faut dire aussi qu'elle est crânement jolie, la petite rémouleuse... un vrai morceau de cardinal : vive, mignonne, bien roulée ; avec ça, une peau blanche

et des yeux couleur de noisette qui regardent toujours les hommes en riant... Ma foi! mon Parisien, si vous repassez jamais par Beaucaire...

— Oh! tais-toi, boulanger, je t'en prie... » fit encore une fois le pauvre rémouleur avec une expression de voix déchirante.

A ce moment, la diligence s'arrêta. Nous étions au *mas* des Anglores. C'est là que les deux Beaucairois descendaient, et je vous jure que je ne les retins pas... Farceur de boulanger! Il était dans la cour du *mas* qu'on l'entendait rire encore.

*

Ces gens-là partis, l'impériale sembla vide. On avait laissé le Camarguais à Arles; le conducteur marchait sur la route à côté de ses chevaux... Nous étions seuls là-haut, le rémouleur et moi, chacun dans notre coin, sans parler. Il faisait chaud; le cuir de la capote brûlait. Par moments, je sentais mes yeux se fermer et ma tête devenir lourde; mais impossible de dormir. J'avais toujours dans les oreilles ce « Tais-toi, je t'en prie », si navrant et si doux... Ni lui non plus, le pauvre homme! il ne dormait pas. De derrière, je voyais ses grosses épaules frissonner, et sa main — une longue main blafarde et bête, — trembler sur le dos de la banquette, comme une main de vieux. Il pleurait...

« Vous voilà chez vous, Parisien! » me cria tout à coup le conducteur; et du bout de son fouet il me montrait ma colline verte avec le moulin piqué dessus comme un gros papillon.

Je m'empressai de descendre. En passant près du rémouleur, j'essayai de regarder sous sa casquette! j'aurais voulu le voir avant de partir. Comme s'il avait compris ma pensée, le malheureux leva brusquement la tête, et, plantant son regard dans le mien :

« Regardez-moi bien, l'ami, me dit-il d'une voix sourde, et si un de ces jours vous apprenez qu'il y a eu un malheur à Beaucaire, vous pourrez dire que vous connaissez celui qui a fait le coup. »

C'était une figure éteinte et triste, avec de petits

yeux fanés. Il y avait des larmes dans ces yeux, mais dans cette voix il y avait de la haine. La haine, c'est la colère des faibles!... Si j'étais rémouleuse, je me méfierais...

LE SECRET DE MAITRE CORNILLE

Francet Mamaï, un vieux joueur de fifre, qui vient de temps en temps faire la veillée chez moi, en buvant du vin cuit, m'a raconté l'autre soir un petit drame de village dont mon moulin a été témoin il y a quelque vingt ans. Le récit du bonhomme m'a touché, et je vais essayer de vous le redire tel que je l'ai entendu.

Imaginez-vous pour un moment, chers lecteurs, que vous êtes assis devant un pot de vin tout parfumé, et que c'est un vieux joueur de fifre qui vous parle.

Notre pays, mon bon monsieur, n'a pas toujours été un endroit mort et sans refrains comme il est aujourd'hui. Auparavant, il s'y faisait un grand commerce de meunerie, et, dix lieues à la ronde, les gens des *mas* nous apportaient leur blé à moudre... Tout autour du village, les collines étaient couvertes de moulins à vent. De droite et de gauche, on ne voyait que des ailes qui viraient au mistral par-dessus les pins, des ribambelles de petits ânes chargés de sacs, montant et dévalant le long des chemins; et toute la semaine c'était plaisir d'entendre sur la hauteur le bruit des fouets, le craquement de la toile et le *Dia hue!* des aides-meuniers... Le dimanche nous allions aux moulins, par bandes. Là-haut, les meuniers payaient le muscat. Les meunières étaient belles comme des reines, avec leurs fichus de dentelles et leurs croix d'or. Moi, j'apportais mon fifre, et jusqu'à la noire nuit on dansait des farandoles. Ces moulins-là, voyez-vous, faisaient la joie et la richesse de notre pays.

Malheureusement des Français de Paris eurent l'idée d'établir une minoterie à vapeur, sur la route de Tarascon. Tout beau, tout nouveau! Les gens prirent l'habitude d'envoyer leurs blés aux minotiers, et les pauvres moulins à vent restèrent sans ouvrage. Pendant quelque temps ils essayèrent de lutter, mais la vapeur fut la plus forte, et l'un après l'autre, *pécaïre!* ils furent tous obligés de fermer... On ne vit plus venir les petits ânes... Les belles meunières vendirent leurs croix d'or... Plus de muscat, plus de farandole!... Le mistral avait beau souffler, les ailes restaient immobiles... Puis, un beau jour, la commune fit jeter toutes ces masures à bas, et l'on sema à leur place de la vigne et des oliviers.

Pourtant, au milieu de la débâcle, un moulin avait tenu bon et continuait de virer courageusement sur sa butte, à la barbe des minotiers. C'était le moulin de maître Cornille, celui-là même où nous sommes en train de faire la veillée en ce moment.

*

Maître Cornille était un vieux meunier, vivant depuis soixante ans dans la farine et enragé pour son état. L'installation des minoteries l'avait rendu comme fou. Pendant huit jours, on le vit courir par le village, ameutant tout le monde autour de lui et criant de toutes ses forces qu'on voulait empoisonner la Provence avec la farine des minotiers. « N'allez pas là-bas, disait-il; ces brigands-là, pour faire le pain, se servent de la vapeur qui est une invention du diable, tandis que moi je travaille avec le mistral et la tramontane, qui sont la respiration du bon Dieu... » Et il trouvait comme cela une foule de belles paroles à la louange des moulins à vent, mais personne ne les écoutait.

Alors, de male rage, le vieux s'enferma dans son moulin et vécut tout seul comme une bête farouche. Il ne voulut pas même garder près de lui sa petite-fille Vivette, une enfant de quinze ans, qui, depuis la

mort de ses parents, n'avait plus que son *grand* au monde. La pauvre petite fut obligée de gagner sa vie et de se louer un peu partout dans les *mas*, pour la moisson, les magnans ou les olivades. Et pourtant son grand-père avait l'air de bien l'aimer, cette enfant-là. Il lui arrivait souvent de faire ses quatre lieues à pied par le grand soleil pour aller la voir au *mas* où elle travaillait, et quand il était près d'elle, il passait des heures entières à la regarder en pleurant...

Dans le pays on pensait que le vieux meunier, en renvoyant Vivette, avait agi par avarice; et cela ne lui faisait pas honneur de laisser sa petite-fille ainsi traîner d'une ferme à l'autre, exposée aux brutalités des *vaïles*, et à toutes les misères des jeunesses en condition. On trouvait très mal aussi qu'un homme du renom de maître Cornille, et qui, jusque-là, s'était respecté, s'en allât maintenant par les rues comme un vrai bohémien, pieds nus, le bonnet troué, la taillole en lambeaux... Le fait est que le dimanche, lorsque nous le voyions entrer à la messe, nous avions honte pour lui, nous autres les vieux; et Cornille le sentait si bien qu'il n'osait plus venir s'asseoir sur le banc d'œuvre. Toujours il restait au fond de l'église, près du bénitier, avec les pauvres.

Dans la vie de maître Cornille il y avait quelque chose qui n'était pas clair. Depuis longtemps personne, au village, ne lui portait plus de blé, et pourtant les ailes de son moulin allaient toujours leur train comme devant... Le soir, on rencontrait par les chemins le vieux meunier poussant devant lui son âne chargé de gros sacs de farine.

« Bonnes vêpres, maître Cornille! lui criaient les paysans; ça va donc toujours, la meunerie?

— Toujours, mes enfants, répondait le vieux d'un air gaillard. Dieu merci, ce n'est pas l'ouvrage qui nous manque. »

Alors, si on lui demandait d'où diable pouvait venir tant d'ouvrage, il se mettait un doigt sur les lèvres et répondait gravement : « *Motus!* je travaille pour l'exportation... » Jamais on n'en put tirer davantage.

Quant à mettre le nez dans son moulin, il n'y fallait pas songer. La petite Vivette elle-même n'y entrait pas...

Lorsqu'on passait devant, on voyait la porte toujours fermée, les grosses ailes toujours en mouvement, le vieil âne broutant le gazon de la plate-forme, et un grand chat maigre qui prenait le soleil sur le rebord de la fenêtre et vous regardait d'un air méchant.

Tout cela sentait le mystère et faisait beaucoup jaser le monde. Chacun expliquait à sa façon le secret de maître Cornille, mais le bruit général était qu'il y avait dans ce moulin-là encore plus de sacs d'écus que de sacs de farine.

A la longue pourtant tout se découvrit ; voici comment :

En faisant danser la jeunesse avec mon fifre, je m'aperçus un beau jour que l'aîné de mes garçons et la petite Vivette s'étaient rendus amoureux l'un de l'autre. Au fond je n'en fus pas fâché, parce qu'après tout le nom de Cornille était en honneur chez nous, et puis ce joli petit passereau de Vivette m'aurait fait plaisir à voir trotter dans ma maison. Seulement, comme nos amoureux avaient souvent occasion d'être ensemble, je voulus, de peur d'accidents, régler l'affaire tout de suite, et je montai jusqu'au moulin pour en toucher deux mots au grand-père... Ah! le vieux sorcier! il faut voir de quelle manière il me reçut! Impossible de lui faire ouvrir sa porte. Je lui expliquai mes raisons tant bien que mal, à travers le trou de la serrure; et tout le temps que je parlais, il y avait ce coquin de chat maigre qui soufflait comme un diable au-dessus de ma tête.

Le vieux ne me donna pas le temps de finir, et me cria fort malhonnêtement de retourner à ma flûte; que, si j'étais pressé de marier mon garçon, je pouvais bien aller chercher des filles à la minoterie... Pensez que le sang me montait d'entendre ces mauvaises paroles; mais j'eus tout de même assez de sagesse pour me contenir, et, laissant ce vieux fou à sa meule, je revins annoncer aux enfants ma déconvenue... Ces pauvres agneaux ne pouvaient pas y croire; ils me demandèrent comme une grâce de monter tous deux ensemble au moulin, pour parler au grand-père... Je n'eus pas le courage de refuser, et prrt! voilà mes amoureux partis.

Tout juste comme ils arrivaient là-haut, maître Cornille venait de sortir. La porte était fermée à double tour; mais le vieux bonhomme, en partant, avait laissé son échelle dehors, et tout de suite l'idée vint aux enfants d'entrer par la fenêtre, voir un peu ce qu'il y avait dans ce fameux moulin...

Chose singulière! la chambre de la meule était vide... Pas un sac, pas un grain de blé; pas la moindre farine aux murs ni sur les toiles d'araignée... On ne sentait pas même cette bonne odeur chaude de froment écrasé qui embaume dans les moulins... L'arbre de couche était couvert de poussière, et le grand chat maigre dormait dessus.

La pièce du bas avait le même air de misère et d'abandon : un mauvais lit, quelques guenilles, un morceau de pain sur une marche d'escalier, et puis dans un coin trois ou quatre sacs crevés d'où coulaient des gravats et de la terre blanche.

C'était là le secret de maître Cornille! C'était ce plâtras qu'il promenait le soir par les routes, pour sauver l'honneur du moulin et faire croire qu'on y faisait de la farine... Pauvre moulin! Pauvre Cornille! Depuis longtemps les minotiers leur avaient enlevé leur dernière pratique. Les ailes viraient toujours, mais la meule tournait à vide.

Les enfants revinrent, tout en larmes, me conter ce qu'ils avaient vu. J'eus le cœur crevé de les entendre... Sans perdre une minute, je courus chez les voisins, je leur dis la chose en deux mots, et nous convînmes qu'il fallait, sur l'heure, porter au moulin de Cornille tout ce qu'il y avait de froment dans les maisons... Sitôt dit sitôt fait. Tout le village se met en route, et nous arrivons là-haut avec une procession d'ânes chargés de blé —, du vrai blé, celui-là!

Le moulin était grand ouvert... Devant la porte,

maître Cornille, assis sur un sac de plâtre, pleurait, la tête dans ses mains. Il venait de s'apercevoir, en rentrant, que pendant son absence on avait pénétré chez lui et surpris son triste secret.

« Pauvre de moi! disait-il. Maintenant, je n'ai plus qu'à mourir... Le moulin est déshonoré. »

Et il sanglotait à fendre l'âme, appelant son moulin par toutes sortes de noms, lui parlant comme à une personne véritable.

A ce moment les ânes arrivent sur la plate-forme, et nous nous mettons tous à crier bien fort comme au beau temps des meuniers :

« Ohé! du moulin!... Ohé! maître Cornille! »

Et voilà les sacs qui s'entassent devant la porte et le beau grain roux qui se répand par terre, de tous côtés...

Maître Cornille ouvrait de grands yeux. Il avait pris du blé, dans le creux de sa vieille main, et il disait, riant et pleurant à la fois :

« C'est du blé!... Seigneur Dieu!... Du bon blé! Laissez-moi que je le regarde. »

Puis se tournant vers nous :

« Ah! je savais bien que vous me reviendriez... Tous ces minotiers sont des voleurs. »

Nous voulions l'emporter en triomphe au village :

« Non, non, mes enfants; il faut avant tout que j'aille donner à manger à mon moulin... Pensez donc! il y a si longtemps qu'il ne s'est rien mis sous la dent! »

Et nous avions tous des larmes dans les yeux de voir le pauvre vieux se démener de droite et de gauche, éventrant les sacs, surveillant la meule, tandis que le grain s'écrasait et que la fine poussière de froment s'envolait au plafond.

C'est une justice à nous rendre : à partir de ce jour-là, jamais nous ne laissâmes le vieux meunier manquer d'ouvrage. Puis, un matin, maître Cornille mourut, et les ailes de notre dernier moulin cessèrent de virer, pour toujours cette fois... Cornille mort, personne ne prit sa suite. Que voulez-vous, monsieur!... tout a une fin en ce monde, et il faut croire que le temps des moulins à vent était passé comme celui des coches sur le Rhône, des parlements et des jaquettes à grandes fleurs.

LA CHÈVRE DE M. SEGUIN

A M. Pierre Gringoire, poète lyrique à Paris

Tu seras bien toujours le même, mon pauvre Gringoire!

Comment! on t'offre une place de chroniqueur dans un bon journal de Paris, et tu as l'aplomb de refuser... Mais regarde-toi, malheureux garçon! Regarde ce pourpoint troué, ces chausses en déroute, cette face maigre qui crie la faim. Voilà pourtant où t'a conduit la passion des belles rimes! Voilà ce que t'ont valu dix ans de loyaux services dans les pages du sire Apollo... Est-ce que tu n'as pas honte, à la fin?

Fais-toi donc chroniqueur, imbécile! Fais-toi chroniqueur! Tu gagneras de beaux écus à la rose, tu auras ton couvert chez Brébant, et tu pourras te montrer les jours de première avec une plume neuve à ta barrette...

Non? Tu ne veux pas? Tu prétends rester libre à ta guise jusqu'au bout... Eh bien, écoute un peu l'histoire de la *chèvre de M. Seguin*. Tu verras ce que l'on gagne à vouloir vivre libre.

M. Seguin n'avait jamais eu de bonheur avec ses chèvres.

Il les perdait toutes de la même façon : un beau matin, elles cassaient leur corde, s'en allaient dans la montagne, et là-haut le loup les mangeait. Ni les caresses de leur maître, ni la peur du loup, rien ne les retenait. C'était, paraît-il, des chèvres indépendantes voulant à tout prix le grand air et la liberté.

Le brave M. Seguin, qui ne comprenait rien au caractère de ses bêtes, était consterné. Il disait :

« C'est fini; les chèvres s'ennuient chez moi; je n'en garderai pas une. »

Cependant, il ne se découragea pas, et, après avoir perdu six chèvres de la même manière, il en acheta une septième; seulement, cette fois, il eut soin de la prendre toute jeune, pour qu'elle s'habituât à demeurer chez lui.

Ah! Gringoire, qu'elle était jolie la petite chèvre de M. Seguin! qu'elle était jolie avec ses yeux doux, sa barbiche de sous-officier, ses sabots noirs et luisants, ses cornes zébrées et ses longs poils blancs qui lui faisaient une houppelande! C'était presque aussi charmant que le cabri d'Esméralda, tu te rappelles, Gringoire? — et puis, docile, caressante, se laissant traire sans bouger, sans mettre son pied dans l'écuelle. Un amour de petite chèvre...

M. Seguin avait derrière sa maison un clos entouré d'aubépines. C'est là qu'il mit la nouvelle pensionnaire. Il l'attacha à un pieu, au plus bel endroit du pré, en ayant soin de lui laisser beaucoup de corde, et de temps en temps il venait voir si elle était bien. La chèvre se trouvait très heureuse et broutait l'herbe de si bon cœur que M. Seguin était ravi.

« Enfin, pensait le pauvre homme, en voilà une qui ne s'ennuiera pas chez moi! »

M. Seguin se trompait, sa chèvre s'ennuya.

Un jour, elle se dit en regardant la montagne :

« Comme on doit être bien là-haut! Quel plaisir de gambader dans la bruyère, sans cette maudite longe qui vous écorche le cou!... C'est bon pour l'âne ou pour le bœuf de brouter dans un clos!... Les chèvres, il leur faut du large. »

A partir de ce moment, l'herbe du clos lui parut fade. L'ennui lui vint. Elle maigrit, son lait se fit rare. C'était pitié de la voir tirer tout le jour sur sa longe,

la tête tournée du côté de la montagne, la narine ouverte, en faisant *Mê!...* tristement.

M. Seguin s'apercevait bien que sa chèvre avait quelque chose, mais il ne savait pas ce que c'était... Un matin, comme il achevait de la traire, la chèvre se retourna et lui dit dans son patois :

« Écoutez, monsieur Seguin, je me languis chez vous, laissez-moi aller dans la montagne.

— Ah! mon Dieu!... Elle aussi! » cria M. Seguin stupéfait, et du coup il laissa tomber son écuelle; puis, s'asseyant dans l'herbe à côté de sa chèvre :

« Comment, Blanquette, tu veux me quitter! »

Et Blanquette répondit :

« Oui, monsieur Seguin.

— Est-ce que l'herbe te manque ici?

— Oh! non! monsieur Seguin.

— Tu es peut-être attachée de trop court, veux-tu que j'allonge la corde?

— Ce n'est pas la peine, monsieur Seguin.

— Alors, qu'est-ce qu'il te faut? qu'est-ce que tu veux?

— Je veux aller dans la montagne, monsieur Seguin.

— Mais, malheureuse, tu ne sais pas qu'il y a le loup dans la montagne... Que feras-tu quand il viendra?...

— Je lui donnerai des coups de cornes, monsieur Seguin.

— Le loup se moque bien de tes cornes. Il m'a mangé des biques autrement encornées que toi... Tu sais bien, la pauvre vieille Renaude qui était ici l'an dernier? Une maîtresse chèvre, forte et méchante comme un bouc. Elle s'est battue avec le loup toute la nuit... puis le matin, le loup l'a mangée.

— Pécaïre! Pauvre Renaude!... Ça ne fait rien, monsieur Seguin, laissez-moi aller dans la montagne.

— Bonté divine!... dit M. Seguin; mais qu'est-ce qu'on leur fait donc à mes chèvres? Encore une que le loup va me manger... Eh bien, non... je te sauverai malgré toi, coquine! et de peur que tu ne rompes ta corde, je vais t'enfermer dans l'étable et tu y resteras toujours. »

Là-dessus, M. Seguin emporta la chèvre dans une étable toute noire, dont il ferma la porte à double tour. Malheureusement, il avait oublié la fenêtre, et à peine eut-il le dos tourné, que la petite s'en alla...

Tu ris, Gringoire? Parbleu! je crois bien; tu es du parti des chèvres, toi, contre ce bon M. Seguin... Nous allons voir si tu riras tout à l'heure.

Quand la chèvre blanche arriva dans la montagne, ce fut un ravissement général. Jamais les vieux sapins n'avaient rien vu d'aussi joli. On la reçut comme une petite reine. Les châtaigniers se baissaient jusqu'à terre pour la caresser du bout de leurs branches. Les genêts d'or s'ouvraient sur son passage, et sentaient bon tant qu'ils pouvaient. Toute la montagne lui fit fête.

Tu penses, Gringoire, si notre chèvre était heureuse! Plus de corde, plus de pieu... rien qui l'empêchât de gambader, de brouter à sa guise... C'est là qu'il y en avait de l'herbe! jusque par-dessus les cornes, mon cher!... Et quelle herbe! Savoureuse, fine, dentelée, faite de mille plantes... C'était bien autre chose que le gazon du clos. Et les fleurs donc! De grandes campanules bleues, des digitales de pourpre à longs calices, toute une forêt de fleurs sauvages débordant de sucs capiteux!...

La chèvre blanche, à moitié soûle, se vautrait là-dedans les jambes en l'air et roulait le long des talus, pêle-mêle avec les feuilles tombées et les châtaignes... Puis, tout à coup, elle se redressait d'un bond sur ses pattes. Hop! la voilà partie, la tête en avant, à travers les maquis et les buissières, tantôt sur un pic, tantôt au fond d'un ravin, là-haut, en bas, partout... On aurait dit qu'il y avait dix chèvres de M. Seguin dans la montagne.

C'est qu'elle n'avait peur de rien, la Blanquette.

Elle franchissait d'un saut de grands torrents qui l'éclaboussaient au passage de poussière humide et d'écume. Alors, toute ruisselante, elle allait s'étendre sur quelque roche plate et se faisait sécher par le soleil... Une fois, s'avançant au bord d'un plateau, une fleur de cytise aux dents, elle aperçut en bas, tout en bas dans la plaine, la maison de M. Seguin avec le clos derrière. Cela la fit rire aux larmes.

« Que c'est petit! dit-elle; comment ai-je pu tenir là-dedans? »

Pauvrette! de se voir si haut perchée, elle se croyait au moins aussi grande que le monde...

En somme, ce fut une bonne journée pour la chèvre de M. Seguin. Vers le milieu du jour, en courant de droite et de gauche, elle tomba dans une troupe de chamois en train de croquer une lambrusque à belles dents. Notre petite coureuse en robe blanche fit sensation. On lui donna la meilleure place à la lambrusque, et tous ces messieurs furent très galants... Il paraît même, — ceci doit rester entre nous, Gringoire, — qu'un jeune chamois à pelage noir eut la bonne fortune de plaire à Blanquette. Les deux amoureux s'égarèrent parmi le bois une heure ou deux, et si tu veux savoir ce qu'ils se dirent, va le demander aux sources bavardes qui courent invisibles dans la mousse.

Tout à coup le vent fraîchit. La montagne devint violette; c'était le soir.

« Déjà! » dit la petite chèvre; et elle s'arrêta fort étonnée.

En bas, les champs étaient noyés de brume. Le clos de M. Seguin disparaissait dans le brouillard, et de la maisonnette on ne voyait plus que le toit avec un peu de fumée. Elle écouta les clochettes d'un troupeau qu'on ramenait, et se sentit l'âme toute triste... Un gerfaut, qui rentrait, la frôla de ses ailes en passant. Elle tressaillit... puis ce fut un hurlement dans la montagne :

« Hou! hou! »

Elle pensa au loup; de tout le jour la folle n'y avait pas pensé... Au même moment une trompe sonna bien loin dans la vallée. C'était ce bon M. Seguin qui tentait un dernier effort.

« Hou! hou!... faisait le loup.

— Reviens! reviens!... » criait la trompe.

Blanquette eut envie de revenir; mais en se rappelant le pieu, la corde, la haie du clos, elle pensa que maintenant elle ne pouvait plus se faire à cette vie, et qu'il valait mieux rester.

La trompe ne sonnait plus...

La chèvre entendit derrière elle un bruit de feuilles. Elle se retourna et vit dans l'ombre deux oreilles courtes, toutes droites, avec deux yeux qui reluisaient... C'était le loup.

Énorme, immobile, assis sur son train de derrière, il était là regardant la petite chèvre blanche et la dégustant par avance. Comme il savait bien qu'il la mangerait, le loup ne se pressait pas; seulement, quand elle se retourna, il se mit à rire méchamment.

« Ha! ha! la petite chèvre de M. Seguin »; et il passa sa grosse langue rouge sur ses babines d'amadou.

Blanquette se sentit perdue... Un moment, en se rappelant l'histoire de la vieille Renaude, qui s'était battue toute la nuit pour être mangée le matin, elle se dit qu'il vaudrait peut-être mieux se laisser manger tout de suite; puis, s'étant ravisée, elle tomba en garde, la tête basse et la corne en avant, comme une brave chèvre de M. Seguin qu'elle était... Non pas qu'elle eût l'espoir de tuer le loup, — les chèvres ne tuent pas le loup, — mais seulement pour voir si elle pourrait tenir aussi longtemps que la Renaude...

Alors le monstre s'avança, et les petites cornes entrèrent en danse.

Ah! la brave chevrette, comme elle y allait de bon cœur! Plus de dix fois, je ne mens pas, Gringoire, elle força le loup à reculer pour reprendre haleine. Pendant ces trêves d'une minute, la gourmande cueillait en hâte encore un brin de sa chère herbe; puis elle retournait au combat, la bouche pleine... Cela dura toute la nuit. De temps en temps la chèvre de M. Seguin regardait les étoiles danser dans le ciel clair, et elle se disait :

« Oh! pourvu que je tienne jusqu'à l'aube... »

L'une après l'autre, les étoiles s'éteignirent. Blanquette redoubla de coups de cornes, le loup de coups de dents... Une lueur pâle parut dans l'horizon... Le chant du coq enroué monta d'une métairie.

« Enfin! » dit la pauvre bête, qui n'attendait plus que le jour pour mourir; et elle s'allongea par terre dans sa belle fourrure blanche toute tachée de sang...

Alors le loup se jeta sur la petite chèvre et la mangea.

*

Adieu Gringoire!

L'histoire que tu as entendue n'est pas un conte de mon imagination. Si jamais tu viens en Provence, nos ménagers te parleront souvent de la *cabro de moussu Seguin, que se battégue touto la neui emé lou loup, e piei lou matin lou loup la mangé*[1].

Tu m'entends bien, Gringoire.

E piei lou matin lou loup la mangé.

LES ÉTOILES

RÉCIT D'UN BERGER PROVENÇAL

Du temps que je gardais les bêtes sur le Luberon, je restais des semaines entières sans voir âme qui vive, seul dans le pâturage avec mon chien Labri et mes ouailles. De temps en temps l'ermite du Mont-de-l'Ure passait par là pour chercher des simples ou bien

1. La chèvre de monsieur Seguin, qui se battit toute la nuit avec le loup, et puis, le matin, le loup la mangea.

j'apercevais la face noire de quelque charbonnier du Piémont; mais c'étaient des gens naïfs, silencieux à force de solitude, ayant perdu le goût de parler et ne sachant rien de ce qui se disait en bas dans les villages et les villes. Aussi, tous les quinze jours, lorsque j'entendais, sur le chemin qui monte, les sonnailles du mulet de notre ferme m'apportant les provisions de quinzaine, et que je voyais apparaître peu à peu, au-dessus de la côte, la tête éveillée du petit *miarro* (garçon de ferme) ou la coiffe rousse de la vieille tante Norade, j'étais vraiment bien heureux. Je me faisais raconter les nouvelles du pays d'en bas, les baptêmes, les mariages; mais ce qui m'intéressait surtout, c'était de savoir ce que devenait la fille de mes maîtres, notre demoiselle Stéphanette, la plus jolie qu'il y eût à dix lieues à la ronde. Sans avoir l'air d'y prendre trop d'intérêt, je m'informais si elle allait beaucoup aux fêtes, aux veillées, s'il lui venait toujours de nouveaux galants; et à ceux qui me demanderont ce que ces choses-là pouvaient me faire, à moi pauvre berger de la montagne, je répondrai que j'avais vingt ans et que cette Stéphanette était ce que j'avais vu de plus beau dans ma vie.

Or, un dimanche que j'attendais les vivres de quinzaine, il se trouva qu'ils n'arrivèrent que très tard. Le matin je me disais : « C'est la faute de la grand-messe »; puis vers midi, il vint un gros orage, et je pensai que la mule n'avait pas pu se mettre en route à cause du mauvais état des chemins. Enfin, sur les trois heures, le ciel étant lavé, la montagne luisante d'eau et de soleil, j'entendis parmi l'égouttement des feuilles et le débordement des ruisseaux gonflés, les sonnailles de la mule, aussi gaies, aussi alertes qu'un grand carillon de cloches un jour de Pâques. Mais ce n'était pas le petit *miarro*, ni la vieille Norade qui la conduisait. C'était... devinez qui!... notre demoiselle, mes enfants! notre demoiselle en personne, assise droite entre les sacs d'osier, route rose de l'air des montagnes et du rafraîchissement de l'orage.

Le petit était malade, tante Norade en vacances

chez ses enfants. La belle Stéphanette m'apprit tout ça, en descendant de sa mule, et aussi qu'elle arrivait tard parce qu'elle s'était perdue en route; mais à la voir si bien endimanchée, avec son ruban à fleurs, sa jupe brillante et ses dentelles, elle avait plutôt l'air de s'être attardée à quelque danse que d'avoir cherché son chemin dans les buissons. O la mignonne créature! Mes yeux ne pouvaient se lasser de la regarder. Il est vrai que je ne l'avais jamais vue de si près. Quelquefois l'hiver, quand les troupeaux étaient descendus dans la plaine et que je rentrais le soir à la ferme pour souper, elle traversait la salle vivement, sans guère parler aux serviteurs, toujours parée et un peu fière... Et maintenant je l'avais là devant moi, rien que pour moi; n'était-ce pas à en perdre la tête?

Quand elle eut tiré les provisions du panier, Stéphanette se mit à regarder curieusement autour d'elle. Relevant un peu sa belle jupe du dimanche qui aurait pu s'abîmer, elle entra dans le *parc*, voulut voir le coin où je couchais, la crèche de paille avec la peau de mouton, ma grande cape accrochée au mur, ma crosse, mon fusil à pierre. Tout cela l'amusait.

« Alors, c'est ici que tu vis, mon pauvre berger? Comme tu dois t'ennuyer d'être toujours seul! Qu'est-ce que tu fais? A quoi penses-tu?... »

J'avais envie de répondre : « A vous, maîtresse », et je n'aurais pas menti; mais mon trouble était si grand que je ne pouvais pas seulement trouver une parole. Je crois bien qu'elle s'en apercevait, et que la méchante prenait plaisir à redoubler mon embarras avec ses malices :

« Et ta bonne amie, berger, est-ce qu'elle monte te voir quelquefois?... Ça doit être bien sûr la chèvre d'or, ou cette fée Estérelle qui ne court qu'à la pointe des montagnes... »

Et elle-même, en me parlant, avait bien l'air de la fée Estérelle, avec le joli rire de sa tête renversée et sa hâte de s'en aller qui faisait de sa visite une apparition.

« Adieu, berger.

— Salut, maîtresse. »

Et la voilà partie, emportant ses corbeilles vides. Lorsqu'elle disparut dans le sentier en pente, il me semblait que les cailloux, roulant sous les sabots de la mule, me tombaient un à un sur le cœur. Je les entendis longtemps, longtemps; et jusqu'à la fin du jour je restai comme ensommeillé, n'osant bouger, de peur de faire en aller mon rêve. Vers le soir, comme le fond des vallées commençait à devenir bleu et que les bêtes se serraient en bêlant l'une contre l'autre pour rentrer au *parc*, j'entendis qu'on m'appelait dans la descente, et je vis paraître notre demoiselle, non plus rieuse ainsi que tout à l'heure, mais tremblante de froid, de peur, de mouillure. Il paraît qu'au bas de la côte elle avait trouvé la Sorgue grossie par la pluie d'orage, et qu'en voulant passer à toute force, elle avait risqué de se noyer. Le terrible, c'est qu'à cette heure de nuit il ne fallait plus songer à retourner à la ferme; car le chemin par la traverse, notre demoiselle n'aurait jamais su s'y retrouver toute seule, et moi je ne pouvais pas quitter le troupeau. Cette idée de passer la nuit sur la montagne la tourmentait beaucoup, surtout à cause de l'inquiétude des siens. Moi, je la rassurais de mon mieux :

« En juillet, les nuits sont courtes, maîtresse... Ce n'est qu'un mauvais moment. »

Et j'allumai vite un grand feu pour sécher ses pieds et sa robe toute trempée de l'eau de la Sorgue. Ensuite j'apportai devant elle du lait, des fromageons; mais la pauvre petite ne songeait ni à se chauffer, ni à manger, et de voir les grosses larmes qui montaient dans ses yeux, j'avais envie de pleurer, moi aussi.

Cependant la nuit était venue tout à fait. Il ne restait plus sur la crête des montagnes qu'une poussière de soleil, une vapeur de lumière du côté du couchant. Je voulus que notre demoiselle entrât se reposer dans le *parc*. Ayant étendu sur la paille fraîche une belle peau toute neuve, je lui souhaitai la bonne nuit, et j'allai m'asseoir dehors devant la porte... Dieu m'est témoin que, malgré le feu d'amour qui me brûlait le sang, aucune mauvaise pensée ne me vint; rien qu'une grande fierté de songer que dans un coin du *parc*, tout près du troupeau curieux qui la regardait dormir, la fille de mes maîtres, — comme une brebis plus précieuse et plus blanche que toutes les autres, — reposait, confiée à ma garde. Jamais le ciel ne m'avait paru si profond, les étoiles si brillantes... Tout à coup, la claire-voie du *parc* s'ouvrit et la belle Stéphanette parut. Elle ne pouvait pas dormir. Les bêtes faisaient crier la paille en remuant, ou bêlaient dans leurs rêves. Elle aimait mieux venir près du feu. Voyant cela, je lui jetai ma peau de bique sur les épaules, j'activai la flamme, et nous restâmes assis l'un près de l'autre sans parler. Si vous avez jamais passé la nuit à la belle étoile, vous savez qu'à l'heure où nous dormons, un monde mystérieux s'éveille dans la solitude et le silence. Alors les sources chantent bien plus clair, les étangs allument des petites flammes. Tous les esprits de la montagne vont et viennent librement; et il y a dans l'air des frôlements, des bruits imperceptibles, comme si l'on entendait les branches grandir, l'herbe pousser. Le jour, c'est la vie des êtres; mais la nuit, c'est la vie des choses. Quand on n'en a pas l'habitude, ça fait peur... Aussi notre demoiselle était toute frissonnante et se serrait contre moi au moindre bruit. Une fois, un cri long, mélancolique, parti de l'étang qui luisait plus bas, monta vers nous en ondulant. Au même instant une belle étoile filante glissa par-dessus nos têtes dans la même direction, comme si cette plainte que nous venions d'entendre portait une lumière avec elle.

« Qu'est-ce que c'est? me demanda Stéphanette à voix basse.

— Une âme qui entre en paradis, maîtresse »; et je fis le signe de la croix.

Elle se signa aussi, et resta un moment la tête en l'air, très recueillie. Puis elle me dit :

« C'est donc vrai, berger, que vous êtes sorciers, vous autres?

— Nullement, notre demoiselle. Mais ici nous

vivons plus près des étoiles, et nous savons ce qui s'y passe mieux que des gens de la plaine. »

Elle regardait toujours en haut, la tête appuyée dans la main, entourée de la peau de mouton comme un petit pâtre céleste :

« Qu'il y en a! Que c'est beau! Jamais je n'en avais tant vu... Est-ce que tu sais leurs noms, berger?

— Mais oui, maîtresse... Tenez! juste au-dessus de nous, voilà le *Chemin de saint Jacques* (la voie lactée). Il va de France droit sur l'Espagne. C'est saint Jacques de Galice qui l'a tracé pour montrer sa route au brave Charlemagne lorsqu'il faisait la guerre aux Sarrasins [1]. Plus loin, vous avez le *Char des âmes* (la grande Ourse) avec ses quatre essieux resplendissants. Les trois étoiles qui vont devant sont les *Trois bêtes*, et cette toute petite contre la troisième c'est le *Charretier*. Voyez-vous tout autour cette pluie d'étoiles qui tombent? ce sont les âmes dont le bon Dieu ne veut pas chez lui... Un peu plus bas, voici le *Râteau* ou les *Trois rois* (Orion). C'est ce qui nous sert d'horloge, à nous autres. Rien qu'en les regardant, je sais maintenant qu'il est minuit passé. Un peu plus bas, toujours vers le midi, brille *Jean de Milan*, le flambeau des astres (Sirius). Sur cette étoile-là, voici ce que les bergers racontent. Il paraît qu'une nuit *Jean de Milan*, avec les *Trois rois* et la *Poussinière* (la Pléiade) furent invités à la noce d'une étoile de leurs amies. La *Poussinière*, plus pressée, partit, dit-on, la première, et prit le chemin haut. Regardez-la, là-haut, tout au fond du ciel. Les *Trois rois* coupèrent plus bas et la rattrapèrent; mais ce paresseux de *Jean de Milan*, qui avait dormi trop tard, resta tout à fait derrière, et furieux, pour les arrêter, leur jeta son bâton. C'est pourquoi les *Trois rois* s'appellent aussi le *Bâton de Jean de Milan*... Mais la plus belle de toutes les étoiles, maîtresse, c'est la nôtre, c'est l'*Étoile du berger*, qui nous éclaire à l'aube quand nous sortons le troupeau,

1. Tous ces détails d'astronomie populaire sont traduits de *l'Almanach provençal* qui se publie en Avignon

et aussi le soir quand nous le rentrons. Nous la nommons encore *Maguelonne*, la belle Maguelonne qui court après *Pierre de Provence* (Saturne) et se marie avec lui tous les sept ans.

— Comment! berger, il y a donc des mariages d'étoiles?

— Mais oui, maîtresse. »

Et comme j'essayais de lui expliquer ce que c'était que ces mariages, je sentis quelque chose de frais et de fin peser légèrement sur mon épaule. C'était sa tête alourdie de sommeil qui s'appuyait contre moi avec un joli froissement de rubans, de dentelles et de cheveux ondés. Elle resta ainsi sans bouger jusqu'au moment où les astres du ciel pâlirent, effacés par le jour qui montait. Moi, je la regardais dormir, un peu troublé au fond de mon être, mais saintement protégé par cette claire nuit qui ne m'a jamais donné que de belles pensées. Autour de nous, les étoiles continuaient leur marche silencieuse, dociles comme un grand troupeau; et par moments je me figurais qu'une de ces étoiles, la plus fine, la plus brillante ayant perdu sa route, était venue se poser sur mon épaule pour dormir...

L'ARLÉSIENNE

Pour aller au village, en descendant de mon moulin, on passe devant un *mas* bâti près de la route au fond d'une grande cour plantée de micocouliers. C'est la vraie maison du *ménager* de Provence, avec ses tuiles rouges, sa large façade brune irrégulièrement percée, puis tout en haut la girouette du grenier, la poulie pour hisser les meules et quelques touffes de foin brun qui dépassent...

Pourquoi cette maison m'avait-elle frappé? Pourquoi ce portail fermé me serrait-il le cœur? Je n'aurais pas pu le dire, et pourtant ce logis me faisait froid.

Il y avait trop de silence autour... Quand on passait, les chiens n'aboyaient pas, les pintades s'enfuyaient sans crier... A l'intérieur, pas une voix! Rien, pas même un grelot de mule... Sans les rideaux blancs des fenêtres et la fumée qui montait des toits, on aurait cru l'endroit inhabité.

Hier, sur le coup de midi, je revenais du village, et, pour éviter le soleil, je longeais les murs de la ferme, dans l'ombre des micocouliers... Sur la route, devant le *mas*, des valets silencieux achevaient de charger une charrette de foin... Le portail était resté ouvert. Je jetai un regard en passant, et je vis, au fond de la cour, accoudé, — la tête dans ses mains, — sur une large table de pierre, un grand vieux tout blanc, avec une veste trop courte et des culottes en lambeaux... Je m'arrêtai. Un des hommes me dit tout bas :

« Chut! c'est le maître... Il est comme ça depuis le malheur de son fils. »

A ce moment, une femme et un petit garçon, vêtus de noir, passèrent près de nous avec de gros paroissiens dorés, et entrèrent à la ferme.

L'homme ajouta :

« ... La maîtresse et Cadet qui reviennent de la messe. Ils y vont tous les jours, depuis que l'enfant s'est tué... Ah! monsieur, quelle désolation!... Le père porte encore les habits du mort; on ne peut pas les lui faire quitter... Dia! hue! la bête! »

La charrette s'ébranla pour partir. Moi, qui voulais en savoir plus long, je demandai au voiturier de monter à côté de lui, et c'est là-haut, dans le foin, que j'appris toute cette navrante histoire...

*

Il s'appelait Jan. C'était un admirable paysan de vingt ans, sage comme une fille, solide et le visage ouvert. Comme il était très beau, les femmes le regardaient; mais lui n'en avait qu'une en tête, — une petite Arlésienne, toute en velours et en dentelles, qu'il avait rencontrée sur la Lice d'Arles, une fois. —

Au *mas*, on ne vit pas d'abord cette liaison avec plaisir. La fille passait pour coquette, et ses parents n'étaient pas du pays.

Mais Jan voulait son Arlésienne à toute force. Il disait :

« Je mourrai si on ne me la donne pas. »

Il fallut en passer par là. On décida de les marier après la moisson.

Donc, un dimanche soir, dans la cour du *mas*, la famille achevait de dîner. C'était presque un repas de noce. La fiancée n'y assistait pas, mais on avait bu en son honneur tout le temps... Un homme se présente à la porte, et, d'une voix qui tremble, demande à parler à maître Estève, à lui seul. Estève se lève et sort sur la route.

« Maître, lui dit l'homme, vous allez marier votre enfant à une coquine, qui a été ma maîtresse pendant deux ans. Ce que j'avance, je le prouve; voici des lettres!... ses parents savent tout et me l'avaient promise; mais depuis que votre fils la recherche, ni eux ni la belle ne veulent plus de moi... J'aurais cru pourtant qu'après ça elle ne pouvait pas être la femme d'un autre.

— C'est bien, dit maître Estève quand il eut regardé les lettres; entrez boire un verre de muscat. »

L'homme répond :

« Merci! j'ai plus de chagrin que de soif. »

Et il s'en va.

Le père rentre, impassible : il reprend sa place à table; et le repas s'achève gaiement...

Ce soir-là, maître Estève et son fils s'en allèrent ensemble dans les champs. Ils restèrent longtemps dehors; quand ils revinrent, la mère les attendait encore.

« Femme, dit le *ménager*, en lui amenant son fils, embrasse-le! il est malheureux... »

*

Jan ne parla plus de l'Arlésienne. Il l'aimait toujours cependant, et même plus que jamais, depuis qu'on la lui avait montrée dans les bras d'un autre. Seulement il était trop fier pour rien dire; c'est ce qui le tua, le pauvre enfant!... Quelquefois il passait des journées entières seul dans un coin, sans bouger. D'autres jours, il se mettait à la terre avec rage et abattait à lui seul le travail de dix journaliers... Le soir venu, il prenait la route d'Arles et marchait devant lui jusqu'à ce qu'il vît monter dans le couchant les clochers grêles de la ville. Alors il revenait. Jamais il n'alla plus loin.

De le voir ainsi, toujours triste et seul, les gens du *mas* ne savaient plus que faire. On redoutait un malheur... Une fois, à table, sa mère en le regardant avec des yeux pleins de larmes, lui dit :

« Eh bien, écoute, Jan, si tu la veux tout de même, nous te la donnerons... »

Le père, rouge de honte, baissait la tête.

Jan fit signe que non, et il sortit...

A partir de ce jour, il changea sa façon de vivre, affectant d'être toujours gai, pour rassurer ses parents. On le revit au bal, au cabaret, dans les ferrades. A la vote de Fonvieille, c'est lui qui mena la farandole.

Le père disait : « Il est guéri. » La mère, elle, avait toujours des craintes et plus que jamais surveillait son enfant... Jan couchait avec Cadet, tout près de la magnanerie; la pauvre vieille se fit dresser un lit à côté de leur chambre... Les magnans pouvaient avoir besoin d'elle, dans la nuit...

Vint la fête de saint Éloi, patron des ménagers.

Grande joie au *mas*... Il y eut du châteauneuf pour tout le monde et du vin cuit comme s'il en pleuvait. Puis des pétards, des feux sur l'aire, des lanternes de couleur plein les micocouliers... Vive saint Éloi! On farandola à mort. Cadet brûla sa blouse neuve... Jan lui-même avait l'air content; il voulut faire danser sa mère; la pauvre femme en pleurait de bonheur.

A minuit, on alla se coucher. Tout le monde avait besoin de dormir... Jan ne dormit pas, lui. Cadet a raconté depuis que toute la nuit il avait sangloté...

Ah! je vous réponds qu'il était bien mordu, celui-là...

Le lendemain, à l'aube, la mère entendit quelqu'un traverser sa chambre en courant. Elle eut comme un pressentiment :

« Jan, c'est toi? »

Jan ne répond pas; il est déjà dans l'escalier.

Vite, vite la mère se lève :

« Jan, où vas-tu? »

Il monte au grenier; elle monte derrière lui :

« Mon fils, au nom du Ciel! »

Il ferme la porte et tire le verrou.

« Jan, mon Janet, réponds-moi. Que vas-tu faire? »

A tâtons, de ses vieilles mains qui tremblent, elle cherche le loquet!... Une fenêtre qui s'ouvre, le bruit d'un corps sur les dalles de la cour, et c'est tout...

Il s'était dit, le pauvre enfant : « Je l'aime trop... Je m'en vais... » Ah! misérables cœurs que nous sommes! C'est un peu fort pourtant que le mépris ne puisse pas tuer l'amour!...

Ce matin-là, les gens du village se demandèrent qui pouvait crier ainsi, là-bas, du côté du *mas* d'Estève...

C'était, dans la cour, devant la table de pierre couverte de rosée et de sang, la mère toute nue qui se lamentait, avec son enfant mort sur ses bras.

LA MULE DU PAPE

De tous les jolis dictons, proverbes ou adages, dont nos paysans de Provence passementent leurs discours, je n'en sais pas un de plus pittoresque ni plus singulier que celui-ci. A quinze lieues autour de mon moulin, quand on parle d'un homme rancunier, vindicatif, on dit : « Cet homme-là! méfiez-vous!... il est comme la mule du Pape, qui garde sept ans son coup de pied. »

J'ai cherché bien longtemps d'où ce proverbe pouvait venir, ce que c'était que cette mule papale et ce coup de pied gardé pendant sept ans. Personne ici n'a pu me renseigner à ce sujet, pas même Francet Mamaï, mon joueur de fifre, qui connaît pourtant son légendaire provençal sur le bout du doigt. Francet pense comme moi qu'il y a là-dessous quelque ancienne chronique du pays d'Avignon; mais il n'en a jamais entendu parler autrement que par le proverbe.

« Vous ne trouverez cela qu'à la bibliothèque des Cigales », m'a dit le vieux fifre en riant.

L'idée m'a paru bonne, et comme la bibliothèque des Cigales est à ma porte, je suis allé m'y enfermer huit jours.

C'est une bibliothèque merveilleuse, admirablement montée, ouverte aux poètes jour et nuit, et desservie par de petits bibliothécaires à cymbales qui vous font de la musique tout le temps. J'ai passé là quelques journées délicieuses, et, après une semaine de recherches, — sur le dos, — j'ai fini par découvrir ce que je voulais, c'est-à-dire l'histoire de ma mule et de ce fameux coup de pied gardé pendant sept ans. Le conte en est joli quoique un peu naïf, et je vais essayer de vous le dire tel que je l'ai lu hier matin dans un manuscrit couleur du temps, qui sentait bon la lavande sèche et avait de grands fils de la Vierge pour signets.

*

Qui n'a pas vu Avignon du temps des Papes, n'a rien vu. Pour la gaieté, la vie, l'animation, le train des fêtes, jamais une ville pareille. C'étaient, du matin au soir, des processions, des pèlerinages, les rues jonchées de fleurs, tapissées de hautes lices, des arrivages de cardinaux par le Rhône, bannières au vent, galères pavoisées, les soldats du Pape qui chantaient du latin sur les places, les crécelles des frères quêteurs; puis, du haut en bas des maisons qui se pressaient en bourdonnant autour du grand palais papal comme des abeilles autour de leur ruche, c'étaient encore le tic-tac des métiers à dentelles, le va-et-vient des navettes tissant l'or des chasubles, les petits marteaux des ciseleurs de burettes, les tables d'harmonie qu'on ajustait chez les luthiers, les cantiques des ourdisseuses; par là-dessus le bruit des cloches, et toujours quelques tambourins qu'on entendait ronfler, là-bas, du côté du pont. Car chez nous, quand le peuple est content, il faut qu'il danse, il faut qu'il danse; et comme en ce temps-là les rues de la ville étaient trop étroites pour la farandole, fifres et tambourins se postaient sur le pont d'Avignon, au vent frais du Rhône, et jour et nuit l'on y dansait, l'on y dansait... Ah! l'heureux temps! l'heureuse ville! Des hallebardes qui ne coupaient pas; des prisons d'État où l'on mettait le vin à rafraîchir. Jamais de disette; jamais de guerre... Voilà comment les Papes du Comtat savaient gouverneur leur peuple; voilà pourquoi leur peuple les a tant regrettés!...

*

Il y en a un surtout, un bon vieux, qu'on appelait Boniface... Oh! celui-là, que de larmes on a versées en Avignon, quand il est mort! C'était un prince si aimable, si avenant! Il vous riait si bien du haut de sa mule! Et quand vous passiez près de lui, — fussiez-vous un pauvre petit tireur de garance ou le grand viguier de la ville, — il vous donnait sa bénédiction si poliment! Un vrai pape d'Yvetot, mais d'un Yvetot de Provence, avec quelque chose de fin dans le rire, un brin de marjolaine à sa barrette, et pas la moindre Jeanneton... La seule Jeanneton qu'on lui ait jamais connue, à ce bon père, c'était sa vigne, — une petite vigne qu'il avait plantée lui-même, à trois lieues d'Avignon, dans les myrtes de Château-Neuf.

Tous les dimanches, en sortant de Vêpres, le digne homme allait lui faire sa cour, et quand il était là-haut, assis au bon soleil, sa mule près de lui, ses cardinaux tout autour étendus aux pieds des souches, alors il faisait déboucher un flacon de vin du cru, — ce beau vin, couleur de rubis, qui s'est appelé depuis le Château-Neuf des Papes, — et il dégustait par petits coups, en regardant sa vigne d'un air attendri. Puis, le flacon vidé, le jour tombant, il rentrait joyeusement à la ville, suivi de tout son chapitre; et, lorsqu'il passait sur le pont d'Avignon, au milieu des tambours et des farandoles, sa mule, mise en train par la musique, prenait un petit amble sautillant, tandis que lui-même il marquait le pas de la danse avec sa barrette, ce qui scandalisait fort ses cardinaux, mais faisait dire à tout le peuple : « Ah! le bon prince! Ah! le brave pape! »

*

Après sa vigne de Château-Neuf, ce que le pape aimait le plus au monde, c'était sa mule. Le bonhomme en raffolait de cette bête-là. Tous les soirs avant de se coucher, il allait voir si son écurie était bien fermée, si rien ne manquait dans sa mangeoire, et jamais il ne se serait levé de table sans faire préparer sous ses yeux un grand bol de vin à la française, avec beaucoup de sucre et d'aromates, qu'il allait lui porter lui-même, malgré les observations de ses cardinaux... Il faut dire que la bête en valait la peine. C'était une belle mule noire, mouchetée de rouge, le pied sûr, le poil luisant, la croupe large et pleine, portant fièrement sa petite tête sèche toute harnachée de pompons, de nœuds, de grelots d'argent, de bouffettes; avec cela douce comme un ange, l'œil naïf et deux longues oreilles, toujours en branle, qui lui donnaient l'air bon enfant. Tout Avignon la respectait, et, quand elle allait dans les rues, il n'y avait pas de bonnes manières qu'on ne lui fît; car chacun savait que c'était le meilleur moyen d'être bien en cour, et qu'avec son air innocent, la mule du Pape en avait mené plus d'un à la fortune, à preuve Tistet Védène et sa prodigieuse aventure.

Ce Tistet Védène était, dans le principe, un effronté galopin, que son père, Guy Védène, le sculpteur d'or,

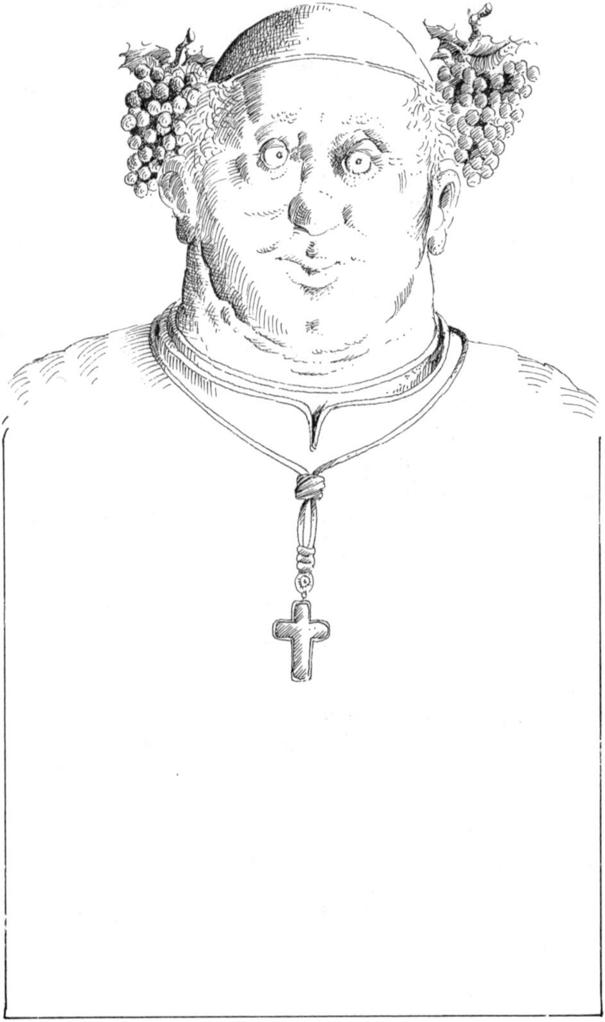

avait été obligé de chasser de chez lui, parce qu'il ne voulait rien faire et débauchait les apprentis. Pendant six mois, on le vit traîner sa jaquette dans tous les ruisseaux d'Avignon, mais principalement du côté de la maison papale; car le drôle avait depuis longtemps son idée sur la mule du Pape, et vous allez voir que c'était quelque chose de malin... Un jour que Sa Sainteté se promenait toute seule sous les remparts avec sa bête, voilà mon Tistet qui l'aborde, et lui dit en joignant les mains d'un air d'admiration :

« Ah! mon Dieu! grand Saint-Père, quelle brave mule vous avez là!... Laissez un peu que je la regarde... Ah! mon Pape, la belle mule!... L'empereur d'Allemagne n'en a pas une pareille. »

Et il la caressait, et il lui parlait doucement comme à une demoiselle.

« Venez çà, mon bijou, mon trésor, ma perle fine... »

Et le bon Pape, tout ému, se disait dans lui-même :

« Quel bon petit garçonnet!... Comme il est gentil avec ma mule! »

Et puis le lendemain savez-vous ce qui arriva? Tistet Védène troqua sa vieille jaquette jaune contre une belle aube en dentelles, un camail de soie violette, des souliers à boucles, et il entra dans la maîtrise du Pape, où jamais avant lui on n'avait reçu que des fils de nobles et des neveux de cardinaux... Voilà ce que c'est que l'intrigue!... Mais Tistet ne s'en tint pas là.

Une fois au service du Pape, le drôle continua le jeu qui lui avait si bien réussi. Insolent avec tout le monde, il n'avait d'attentions ni de prévenances que pour la mule, et toujours on le rencontrait par les cours du palais avec une poignée d'avoine ou une bottelée de sainfoin, dont il secouait gentiment les grappes roses en regardant le balcon du Saint-Père, d'un air de dire : « Hein!... pour qui ça?... » Tant et tant qu'à la fin le bon Pape, qui se sentait devenir vieux, en arriva à lui laisser le soin de veiller sur l'écurie et de porter à la mule son bol de vin à la française; ce qui ne faisait pas rire les cardinaux.

*

Ni la mule non plus, cela ne la faisait pas rire... Maintenant, à l'heure de son vin, elle voyait toujours arriver chez elle cinq ou six petits clercs de maîtrise qui se fourraient vite dans la paille avec leur camail et leurs dentelles; puis, au bout d'un moment, une bonne odeur chaude de caramel et d'aromates emplissait l'écurie, et Tistet Védène apparaissait portant avec précaution le bol de vin à la française. Alors le martyre de la pauvre bête commençait.

Ce vin parfumé qu'elle aimait tant, qui lui tenait chaud, qui lui mettait des ailes, on avait la cruauté de le lui apporter, là, dans sa mangeoire, de le lui faire respirer; puis, quand elle en avait les narines pleines, passe, je t'ai vu! la belle liqueur de flamme rose s'en allait toute dans le gosier de ces garnements... Et encore, s'ils n'avaient fait que lui voler son vin; mais c'étaient comme des diables, tous ces petits clercs, quand ils avaient bu!... l'un lui tirait les oreilles, l'autre la queue; Quiquet lui montait sur le dos, Béluguet lui essayait sa barrette, et pas un de ces galopins ne songeait que d'un coup de reins ou d'une ruade la brave bête aurait pu les envoyer tous dans l'étoile polaire, et même plus loin... Mais non! On n'est pas pour rien la mule du Pape, la mule des bénédictions et des indulgences... Les enfants avaient beau faire, elle ne se fâchait pas; et ce n'était qu'à Tistet Védène qu'elle en voulait... Celui-là, par exemple, quand elle le sentait derrière elle, son sabot lui démangeait, et vraiment il y avait bien de quoi. Ce vaurien de Tistet lui jouait de si vilains tours! Il avait de si cruelles inventions après boire!...

Est-ce qu'un jour il ne s'avisa pas de la faire monter avec lui au clocheton de la maîtrise, là-haut, tout là-haut, à la pointe du palais!... Et ce que je vous dis là n'est pas un conte, deux cent mille Provençaux l'ont vu. Vous figurez-vous la terreur de cette malheureuse mule, lorsque, après avoir tourné pendant une heure à l'aveuglette dans un escalier en colimaçon et grimpé je ne sais combien de marches, elle se trouva tout à coup sur une plate-forme éblouissante de lumière et qu'à mille pieds au-dessous d'elle elle aperçut tout un Avignon fantastique, les baraques du marché pas plus grosses que des noisettes, les soldats du Pape devant leur caserne comme des fourmis rouges, et là-bas, sur un fil d'argent, un petit pont microscopique où l'on dansait, où l'on dansait... Ah! pauvre bête! quelle panique! Du cri qu'elle en poussa, toutes les vitres du palais tremblèrent.

« Qu'est-ce qu'il y a? qu'est-ce qu'on lui fait? » s'écria le bon Pape en se précipitant sur son balcon.

Tistet Védène était déjà dans la cour, faisant mine de pleurer et de s'arracher les cheveux :

« Ah! grand Saint-Pèère, ce qu'il y a! Il y a que votre mule... mon Dieu! qu'allons-nous devenir? Il y a que votre mule est montée dans le clocheton...

— Toute seule?

— Oui, grand Saint-Père, toute seule... Tenez! regardez-la, là-haut ... Voyez-vous le bout de ses oreilles qui passe?... On dirait deux hirondelles...

— Miséricorde! fit le pauvre Pape en levant les yeux... Mais elle est donc devenue folle! Mais elle va se tuer... Veux-tu bien descendre, malheureuse!... »

Pécaïre! elle n'aurait pas mieux demandé, elle, que de descendre... mais par où? L'escalier, il n'y fallait pas songer : ça se monte encore ces choses-là; mais, à la descente, il y aurait de quoi se rompre cent fois les jambes... Et la pauvre mule se désolait, et, tout en rôdant sur la plate-forme avec ses gros yeux pleins de vertige, elle pensait à Tistet Védène :

« Ah! bandit, si j'en réchappe... quel coup de sabot demain matin! »

Cette idée de coup de sabot lui redonnait un peu de cœur au ventre; sans cela elle n'aurait pas pu se tenir... Enfin on parvint à la tirer de là-haut; mais ce fut toute une affaire. Il fallut la descendre avec un cric, des cordes, une civière. Et vous pensez quelle humiliation pour la mule d'un pape de se voir pendue à cette hauteur, nageant des pattes dans le vide comme un hanneton au bout d'un fil. Et tout Avignon qui la regardait!

La malheureuse bête n'en dormit pas de la nuit. Il lui semblait toujours qu'elle tournait sur cette maudite plate-forme, avec les rires de la ville au-dessous, puis elle pensait à cet infâme Tistet Védène et au joli coup de sabot qu'elle allait lui détacher le lendemain matin. Ah! mes amis, quel coup de sabot! De Pampérigouste on en verrait la fumée... Or, pendant qu'on lui préparait cette belle réception à l'écurie, savez-vous ce que faisait Tistet Védène? Il descendait le Rhône en chantant sur une galère papale et s'en allait à la cour de Naples avec la troupe de jeunes nobles que la ville envoyait tous les ans près de la reine Jeanne pour s'exercer à la diplomatie et aux belles manières. Tistet n'était pas noble; mais le Pape tenait à le récompenser des soins qu'il avait donnés à sa bête, et principalement de l'activité qu'il venait de déployer pendant la journée du sauvetage.

C'est la mule qui fut désappointée le lendemain!

« Ah! le bandit! il s'est douté de quelque chose!... pensait-elle en secouant ses grelots avec fureur... Mais c'est égal, va, mauvais; tu le retrouveras au retour, ton coup de sabot... je te le garde! »

Et elle le lui garda.

Après le départ de Tistet, la mule du Pape retrouva son train de vie tranquille et ses allures d'autrefois. Plus de Quiquet, plus de Béluguet à l'écurie. Les beaux jours du vin à la française étaient revenus, et avec eux la bonne humeur, les longues siestes, et le petit pas de gavotte quand elle passait sur le pont d'Avignon. Pourtant, depuis son aventure, on lui marquait toujours un peu de froideur dans la ville. Il y avait des chuchotements sur sa route; les vieilles gens hochaient la tête, les enfants riaient en se montrant le clocheton. Le bon Pape lui-même n'avait plus autant de confiance en son amie, et, lorsqu'il se laissait aller à faire un petit somme sur son dos, le dimanche en revenant de la vigne, il gardait toujours cette arrière-pensée : « Si j'allais me réveiller là-haut,

sur la plate-forme! » La mule voyait cela et elle en souffrait, sans rien dire; seulement, quand on prononçait le nom de Tistet Védène devant elle, ses longues oreilles frémissaient, et elle aiguisait avec un petit rire le fer de ses sabots sur le pavé.

Sept ans passèrent ainsi; puis, au bout de ces sept années, Tistet Védène revint de la cour de Naples. Son temps n'était pas encore fini là-bas; mais il avait appris que le premier moutardier du Pape venait de mourir subitement en Avignon, et, comme la place lui semblait bonne, il était arrivé en grande hâte pour se mettre sur les rangs.

Quand cet intrigant de Védène entra dans la salle du palais, le Saint-Père eut peine à le reconnaître, tant il avait grandi et pris du corps. Il faut dire aussi que le bon Pape s'était fait vieux de son côté, et qu'il n'y voyait pas bien sans besicles.

Tistet ne s'intimida pas.

« Comment! grand Saint-Père, vous ne me reconnaissez plus?... C'est moi, Tistet Védène!...

— Védène?...

— Mais oui, vous savez bien... celui qui portait le vin français à votre mule.

— Ah! oui... oui... je me rappelle... Un bon petit garçonnet, ce Tistet Védène!... Et maintenant, qu'est-ce qu'il veut de nous?

— Oh! peu de chose, grand Saint-Père... Je venais vous demander... A propos, est-ce que vous l'avez toujours, votre mule? Et elle va bien?... Ah! tant mieux!... Je venais vous demander la place du premier moutardier qui vient de mourir.

— Premier moutardier, toi!... Mais tu es trop jeune. Quel âge as-tu donc?

— Vingt ans deux mois, illustre pontife, juste cinq ans de plus que votre mule... Ah! palme de Dieu, la brave bête! Si vous saviez comme je l'aimais cette mule-là!... comme je me suis langui d'elle en Italie!... Est-ce que vous ne me la laisserez pas voir?

— Si, mon enfant, tu la verras, fit le bon Pape tout ému... Et puisque tu l'aimes tant, cette brave bête, je ne veux plus que tu vives loin d'elle. Dès ce jour, je t'attache à ma personne en qualité de premier moutardier... Mes cardinaux crieront, mais tant pis! j'y suis habitué... Viens nous trouver demain, à la sortie des vêpres, nous te remettrons les insignes de ton grade en présence de notre chapitre, et puis... je te mènerai voir la mule, et tu viendras à la vigne avec nous deux... hé! hé! Allons va... »

Si Tistet Védène était content en sortant de la grande salle, avec quelle impatience il attendit la cérémonie du lendemain, je n'ai pas besoin de vous le dire. Pourtant il y avait dans le palais quelqu'un de plus heureux encore et de plus impatient que lui : c'était la mule. Depuis le retour de Védène jusqu'aux Vêpres du jour suivant, la terrible bête ne cessa de se bourrer d'avoine et de tirer au mur avec ses sabots de derrière. Elle aussi se préparait pour la cérémonie...

Et donc, le lendemain, lorsque Vêpres furent dites, Tistet Védène fit son entrée dans la cour du palais papal. Tout le haut clergé était là, les cardinaux en robes rouges, l'avocat du diable en velours noir, les abbés du couvent avec leurs petites mitres, les marguilliers de Saint-Agrico, les camails violets de la maîtrise, le bas clergé aussi, les soldats du Pape en grand uniforme, les trois confréries de pénitents, les ermites du mont Ventoux avec leurs mines farouches et le petit clerc qui va derrière en portant la clochette, les frères flagellants nus jusqu'à la ceinture, les sacristains fleuris en robes de juges, tous, tous, jusqu'aux donneurs d'eau bénite, et celui qui allume, et celui qui éteint... Il n'y en avait pas un qui manquât... Ah! c'était une belle ordination! Des cloches, des pétards, du soleil, de la musique, et toujours ces enragés de tambourins qui menaient la danse, là-bas, sur le pont d'Avignon.

Quand Védène parut au milieu de l'assemblée, sa prestance et sa belle mine y firent courir un murmure d'admiration. C'était un magnifique Provençal, mais des blonds, avec de grands cheveux frisés au bout et une petite barbe follette qui semblait prise aux copeaux de fin métal tombés du burin de son père, le sculpteur d'or. Le bruit courait que dans cette barbe blonde les doigts de la reine Jeanne avaient quelquefois joué; et le sire de Védène avait bien, en effet, l'air glorieux et le regard distrait des hommes que les reines ont aimés... Ce jour-là, pour faire honneur à sa nation, il avait remplacé ses vêtements napolitains par une jaquette bordée de rose à la Provençale, et sur son chaperon tremblait une grande plume d'ibis de Camargue.

Sitôt entré, le premier moutardier salua d'un air galant et se dirigea vers le haut du perron, où le Pape l'attendait pour lui remettre les insignes de son grade : la cuiller de buis jaune et l'habit de safran. La mule était au bas de l'escalier, toute harnachée et prête à partir pour la vigne... Quand il passa près d'elle, Tistet Védène eut un bon sourire et s'arrêta pour lui donner deux ou trois petites tapes amicales sur le dos, en regardant du coin de l'œil si le Pape le voyait. La position était bonne... La mule prit son élan :

« Tiens! attrape, bandit! Voilà sept ans que je te le garde! »

Et elle vous lui détacha un coup de sabot si terrible, si terrible, que de Pampérigouste même on en vit la fumée, un tourbillon de fumée blonde où voltigeait une plume d'ibis; tout ce qui restait de l'infortuné Tistet Védène!...

Les coups de pied de mule ne sont pas aussi foudroyants d'ordinaire; mais celle-ci était une mule papale; et puis, pensez donc! elle le lui gardait depuis sept ans... Il n'y a pas de plus bel exemple de rancune ecclésiastique.

LE PHARE DES SANGUINAIRES

Cette nuit je n'ai pas pu dormir. Le mistral était en colère, et les éclats de sa grande voix m'ont tenu éveillé jusqu'au matin. Balançant lourdement ses ailes mutilées qui sifflaient à la bise comme les agrès d'un navire, tout le moulin craquait. Des tuiles s'envolaient de sa toiture en déroute. Au loin, les pins serrés dont la colline est couverte s'agitaient et bruissaient dans l'ombre. On se serait cru en pleine mer...

Cela m'a rappelé tout à fait mes belles insomnies d'il y a trois ans, quand j'habitais le phare des Sanguinaires, là-bas, sur la côte corse, à l'entrée du golfe d'Ajaccio.

Encore un joli coin que j'avais trouvé là pour rêver et pour être seul.

Figurez-vous une île rougeâtre et d'aspect farouche; le phare à une pointe, à l'autre une vieille tour génoise où, de mon temps, logeait un aigle. En bas, au bord de l'eau, un lazaret en ruine, envahi de partout par les herbes; puis des ravins, des maquis, de grandes roches, quelques chèvres sauvages, de petits chevaux corses gambadant la crinière au vent; enfin là-haut, tout en haut, dans un tourbillon d'oiseaux de mer, la maison du phare, avec sa plate-forme en maçonnerie blanche, où les gardiens se promènent de long en large, la porte verte en ogive, la petite tour de fonte, et au-dessus la grosse lanterne à facettes qui flambe au soleil et fait de la lumière même pendant le jour... Voilà l'île des Sanguinaires, comme je l'ai revue cette nuit, en entendant ronfler mes pins. C'était dans cette île enchantée qu'avant d'avoir un moulin j'allais m'enfermer quelquefois, lorsque j'avais besoin de grand air et de solitude.

Ce que je faisais?

Ce que je fais ici, moins encore. Quand le mistral ou la tramontane ne soufflaient pas trop fort, je venais me mettre entre deux roches au ras de l'eau, au milieu des goélands, des merles, des hirondelles, et j'y restais presque tout le jour dans cette espèce de stupeur et d'accablement délicieux que donne la contemplation de la mer. Vous connaissez, n'est-ce pas, cette jolie griserie de l'âme? On ne pense pas, on ne rêve pas non plus. Tout votre être vous échappe, s'envole, s'éparpille. On est la mouette qui plonge, la poussière d'écume qui flotte au soleil entre deux vagues, la fumée blanche de ce paquebot qui s'éloigne, ce petit corailleur à voile rouge, cette perle d'eau, ce flocon de brume, tout excepté soi-même... Oh! que j'en ai passé dans mon île de ces belles heures de demi-sommeil et d'éparpillement!...

Les jours de grand vent, le bord de l'eau n'étant pas tenable, je m'enfermais dans la cour du lazaret, une petite cour mélancolique, tout embaumée de romarin et d'absinthe sauvage, et là, blotti contre un pan de vieux mur, je me laissais envahir doucement par le vague parfum d'abandon et de tristesse qui flottait avec le soleil dans les logettes de pierre, ouvertes tout autour comme d'anciennes tombes. De temps en temps un battement de porte, un bond léger dans l'herbe... c'était une chèvre qui venait brouter à l'abri du vent. En me voyant, elle s'arrêtait interdite, et restait plantée devant moi, l'air vif, la corne haute, me regardant d'un œil enfantin...

Vers cinq heures, le porte-voix des gardiens m'appelait pour dîner. Je prenais alors un petit sentier dans le maquis grimpant à pic au-dessus de la mer, et je revenais lentement vers le phare, me retournant à chaque pas sur cet immense horizon d'eau et de lumière qui semblait s'élargir à mesure que je montais.

*

Là-haut, c'était charmant. Je vois encore cette belle salle à manger à larges dalles, à lambris de chêne, la bouillabaisse fumant au milieu, la porte grande ouverte sur la terrasse blanche et tout le couchant qui entrait... Les gardiens étaient là, m'attendant pour se mettre à table. Il y en avait trois, un Marseillais et deux Corses, tous trois petits, barbus, le même visage tanné, crevassé, le même *pelone* (caban) en poils de chèvre, mais d'allure et d'humeur entièrement opposées.

A la façon de vivre de ces gens, on sentait tout de suite la différence entre deux races. Le Marseillais industrieux et vif, toujours affairé, toujours en mouvement, courait l'île du matin au soir, jardinant, bêchant, ramassant des œufs de *gouailles*, s'embusquant dans le maquis pour traire une chèvre au passage; et toujours quelque aïoli ou quelque bouillabaisse en train.

Les Corses, eux, en dehors de leur service, ne s'occupaient absolument de rien; ils se considéraient comme des fonctionnaires, et passaient toutes leurs journées dans la cuisine à jouer d'interminables parties de *scopa*, ne s'interrompant que pour rallumer leurs pipes d'un air grave et hacher avec des ciseaux, dans le creux de leurs mains, de grandes feuilles de tabac vert...

Du reste, Marseillais et Corses, tous trois de bonnes gens, simples, naïfs, et pleins de prévenances pour leur hôte, quoique au fond il dût leur paraître un monsieur bien extraordinaire...

Pensez donc! venir s'enfermer au phare pour son plaisir!... Eux qui trouvent les journées si longues, et qui sont si heureux quand c'est leur tour d'aller à terre... Dans la belle saison, ce grand bonheur leur arrive tous les six mois. Dix jours de terre pour trente jours de phare, voilà le règlement; mais avec l'hiver et les gros temps, il n'y a plus de règlement qui tienne. Le vent souffle, la vague monte, les Sanguinaires sont blanches d'écume, et les gardiens de service restent bloqués deux ou trois mois de suite, quelquefois même dans de terribles situations.

« Voici ce qui m'est arrivé, à moi, monsieur, — me contait un jour le vieux Bartoli, pendant que nous dînions, — voici ce qui m'est arrivé il y a cinq ans, à cette même table où nous sommes, un soir d'hiver, comme maintenant. Ce soir-là, nous n'étions que deux dans le phare, moi et un camarade qu'on appelai Tchéco... Les autres étaient à terre, malades, en congé, je ne sais plus... Nous finissions de dîner, bien tranquilles... Tout à coup, voilà mon camarade qui s'arrête de manger, me regarde un moment avec de drôles d'yeux, et pouf! tombe sur la table, les bras en avant. Je vais à lui, je le secoue, je l'appelle :

« — Oh! Tché!... Oh! Tché!... »

« Rien, il était mort... Vous jugez quelle émotion. Je restai plus d'une heure stupide et tremblant devant ce cadavre, puis, subitement cette idée me vient : « Et le phare! » Je n'eus que le temps de monter dans la lanterne et d'allumer. La nuit était déjà là... Quelle nuit, monsieur! La mer, le vent n'avaient plus leurs voix naturelles. A tout moment il me semblait que quelqu'un m'appelait dans l'escalier. Avec cela une fièvre, une soif! Mais vous ne m'auriez pas fait descendre... j'avais trop peur du mort. Pourtant, au petit jour, le courage me revint un peu. Je portai mon camarade sur son lit; un drap dessus, un bout de prière, et puis vite aux signaux d'alame.

« Malheureusement, la mer était trop grosse; j'eus beau appeler, appeler, personne ne vint... Me voilà seul dans le phare avec mon pauvre Tchéco, et Dieu sait pour combien de temps... J'espérais pouvoir le garder près de moi jusqu'à l'arrivée du bateau! mais au bout de trois jours ce n'était plus possible... Comment faire? le porter dehors? l'enterrer? La roche était trop dure, et il y a tant de corbeaux dans l'île. C'était pitié de leur abandonner ce chrétien. Alors je songeai à le descendre dans une des logettes du lazaret... Ça me prit tout un après-midi, cette triste corvée-là, et je vous réponds qu'il m'en fallut, du courage. Tenez! monsieur, encore aujourd'hui, quand je descends ce côté de l'île par un après-midi de grand vent, il me semble que j'ai toujours le mort sur les épaules... »

Pauvre vieux Bartoli! la sueur lui en coulait sur le front, rien que d'y penser.

*

Nos repas se passaient ainsi à causer longuement : le phare, la mer, des récits de naufrages, des histoires de bandits corses... Puis, le jour tombant, le gardien du premier quart allumait sa petite lampe, prenait sa pipe, sa gourde, un gros Plutarque à tranche rouge, toute la bibliothèque des Sanguinaires, et disparaissait par le fond. Au bout d'un moment, c'était dans tout le phare un fracas de chaînes, de poulies, de gros poids d'horloges qu'on remontait.

Moi, pendant ce temps, j'allais m'asseoir dehors sur la terrasse. Le soleil, déjà très bas, descendait vers l'eau de plus en plus vite, entraînant tout l'horizon après lui. Le vent fraîchissait, l'île devenait violette. Dans le ciel, près de moi, un gros oiseau passait lourdement : c'était l'aigle de la tour génoise qui rentrait... Peu à peu la brume de mer montait. Bientôt on ne voyait plus que l'ourlet blanc de l'écume autour de l'île... Tout à coup, au-dessus de ma tête, jaillissait un grand flot de lumière douce. Le phare était allumé. Laissant toute l'île dans l'ombre, le clair rayon allait tomber au large sur la mer, et j'étais là perdu dans la nuit, sous ces grandes ondes lumineuses qui m'éclaboussaient à peine en passant... Mais le vent fraîchissait encore. Il fallait rentrer. A tâtons, je fermais la grosse porte, j'assurais les barres de fer; puis, toujours tâtonnant, je prenais un petit escalier de fonte qui tremblait et sonnait sous mes pas, et j'arrivais au sommet du phare. Ici, par exemple, il y en avait de la lumière.

Imaginez une lampe Carcel gigantesque à six rangs de mèches, autour de laquelle pivotent lentement les parois de la lanterne, les unes remplies par une énorme lentille de cristal, les autres ouvertes sur un grand vitrage immobile qui met la flamme à l'abri du vent... En entrant j'étais ébloui. Ces cuivres, ces étains, ces réflecteurs de métal blanc, ces murs de cristal bombé qui tournaient avec de grands cercles bleuâtres, tout ce miroitement, tout ce cliquetis de lumières me donnait un moment de vertige.

Peu à peu, cependant, mes yeux s'y faisaient, et je venais m'asseoir au pied même de la lampe, à côté du gardien qui lisait son Plutarque à haute voix, de peur de s'endormir...

Au-dehors, le noir, l'abîme. Sur le petit balcon qui tourne autour du vitrage, le vent court comme un fou, en hurlant. Le phare craque, la mer ronfle. A la pointe de l'île, sur les brisants, les lames font comme des coups de canon... Par moments, un doigt invisible frappe aux carreaux : quelque oiseau de nuit, que la lumière attire, et qui vient se casser la tête contre le cristal... Dans la lanterne étincelante et chaude, rien que le crépitement de la flamme, le bruit de l'huile qui s'égoutte, de la chaîne qui se dévide : et une voix monotone psalmodiant la vie de Démétrius de Phalère...

*

A minuit, le gardien se levait, jetait un dernier coup d'œil à ses mèches, et nous descendions. Dans l'escalier on rencontrait le camarade du second quart qui montait en se frottant les yeux; on lui passait la gourde, le Plutarque... Puis, avant de gagner nos lits, nous entrions un moment dans la chambre du fond, tout encombrée de chaînes, de gros poids, de réservoirs d'étain, de cordages, et là, à la lueur de sa petite lampe, le gardien écrivait sur le grand livre du phare, toujours ouvert :

Minuit. Grosse mer. Tempête. Navire au large.

L'AGONIE DE LA «SÉMILLANTE»

Puisque le mistral de l'autre nuit nous a jetés sur la côte corse, laissez-moi vous raconter une terrible histoire de mer dont les pêcheurs de là-bas parlent souvent à la veillée, et sur laquelle le hasard m'a fourni des renseignements fort curieux.

... Il y a deux ou trois ans de cela.

Je courais la mer de Sardaigne en compagnie de sept ou huit matelots douaniers. Rude voyage pour un novice! De tout le mois de mars, nous n'eûmes pas un jour de bon. Le vent d'Est s'était acharné après nous, et la mer ne décolérait pas.

Un soir que nous fuyions devant la tempête, notre bateau vint se réfugier à l'entrée du détroit de Bonifacio, au milieu d'un massif de petites îles... Leur aspect n'avait rien d'engageant : grands rocs pelés, couverts d'oiseaux, quelques touffes d'absinthe, des maquis de lentisques, et, çà et là, dans la vase, des pièces de bois en train de pourrir; mais, ma foi, pour passer la nuit, ces roches sinistres valaient encore mieux que le rouf d'une vieille barque à demi pontée, où la lame entrait comme chez elle, et nous nous en contentâmes.

A peine débarqués, tandis que les matelots allumaient du feu pour la bouillabaisse, le patron m'appela, et, me montrant un petit enclos de maçonnerie blanche perdu dans la brume au bout de l'île :

« Venez-vous au cimetière? me dit-il.

— Un cimetière, patron Lionetti! Où sommes-nous donc?

— Aux îles Lavezzi, monsieur. C'est ici que sont enterrés les six cents hommes de la *Sémillante*, à l'endroit même où leur frégate s'est perdue, il y a dix ans... Pauvres gens! Ils ne reçoivent pas beaucoup de visites; c'est bien le moins que nous allions leur dire bonjour, puisque nous voilà...

— De tout mon cœur, patron. »

*

Qu'il était triste le cimetière de la *Sémillante!*... Je le vois encore avec sa petite muraille basse, sa porte de fer, rouillée, dure à ouvrir, sa chapelle silencieuse, et des centaines de croix noires cachées par l'herbe...

Pas une couronne d'immortelles, pas un souvenir! rien... Ah! les pauvres morts abandonnés, comme ils doivent avoir froid dans leur tombe de hasard!

Nous restâmes là un moment agenouillés. Le patron priait à haute voix. D'énormes goélands, seuls gardiens du cimetière, tournoyaient sur nos têtes et mêlaient leurs cris rauques aux lamentations de la mer.

La prière finie, nous revînmes tristement vers le coin de l'île où la barque était amarrée. En notre absence, les matelots n'avaient pas perdu leur temps. Nous trouvâmes un grand feu flambant à l'abri d'une roche, et la marmite qui fumait. On s'assit en rond, les pieds à la flamme, et bientôt chacun eut sur ses genoux, dans une écuelle de terre rouge, deux tranches de pain noir arrosées largement. Le repas fut silencieux : nous étions mouillés, nous avions faim, et puis le voisinage du cimetière... Pourtant, quand les écuelles furent vidées, on alluma les pipes et on se mit à causer un peu. Naturellement, on parlait de la *Sémillante*.

« Mais enfin, comment la chose s'est-elle passée? demandai-je au patron qui, la tête dans ses mains, regardait la flamme d'un air pensif.

— Comment la chose s'est passée? me répondit le bon Lionetti avec un gros soupir, hélas! monsieur, personne au monde ne pourrait le dire. Tout ce que nous savons, c'est que la *Sémillante*, chargée de troupes pour la Crimée, était partie de Toulon, la veille au soir, avec le mauvais temps. La nuit, ça se gâta encore. Du vent, de la pluie, la mer énorme comme on ne l'avait jamais vue... Le matin, le vent tomba un peu, mais la mer était toujours dans tous ses états, et avec cela une sacrée brume du diable à ne pas distinguer un fanal à quatre pas... Ces brumes-là, monsieur, on ne se doute pas comme c'est traître... Ça ne fait rien, j'ai idée que la *Sémillante* a dû perdre son gouvernail dans la matinée; car, il n'y a pas de brume qui tienne, sans une avarie, jamais le capitaine ne serait venu s'aplatir ici contre. C'était un rude marin, que nous connaissions tous. Il avait commandé la station en Corse pendant trois ans, et savait sa côte aussi bien que moi, qui ne sais pas autre chose.

— Et à quelle heure pense-t-on que la *Sémillante* a péri ?

— Ce doit être à midi; oui, monsieur, en plein midi... Mais dame! avec la brume de mer, ce plein midi-là ne valait guère mieux qu'une nuit noire comme la gueule d'un loup... Un douanier de la côte m'a raconté que ce jour-là, vers onze heures et demie, étant sorti de sa maisonnette pour rattacher ses volets, il avait eu sa casquette emportée d'un coup de vent, et qu'au risque d'être enlevé lui-même par la lame, il s'était mis à courir après, le long du rivage, à quatre pattes. Vous comprenez! les douaniers ne sont pas riches, et une casquette, ça coûte cher. Or, il paraîtrait qu'à un moment notre homme, en relevant la tête, aurait aperçu tout près de lui, dans la brume, un gros navire à sec de toiles qui fuyait sous le vent du côté des îles Lavezzi. Ce navire allait si vite, si vite, que le douanier n'eut guère le temps de bien voir. Tout fait croire cependant que c'était la *Sémillante*, puisque une demi-heure après le berger des îles a entendu sur ces roches... Mais précisément voici le berger dont je vous parle, monsieur; il va vous conter la chose lui-même... Bonjour, Palombo!... vient te chauffer un peu; n'aie pas peur. »

Un homme encapuchonné, que je voyais rôder depuis un moment autour de notre feu et que j'avais pris pour quelqu'un de l'équipage, car j'ignorais qu'il y eût un berger dans l'île, s'approcha de nous craintivement.

C'était un vieux lépreux, aux trois quarts idiot, atteint de je ne sais quel mal scorbutique qui lui faisait de grosses lèvres lippues, horribles à voir. On lui expliqua à grand-peine de quoi il s'agissait. Alors, soulevant du doigt sa lèvre malade, le vieux nous raconta qu'en effet, le jour en question, vers midi, il entendit de sa cabane un craquement effroyable sur les roches. Comme l'île était toute couverte d'eau, il n'avait pas pu sortir, et ce fut le lendemain seulement qu'en ouvrant sa porte il avait vu le rivage encombré de débris et de cadavres laissés là par la mer. Épouvanté, il s'était enfui en courant vers sa barque, pour aller à Bonifacio chercher du monde.

*

Fatigué d'en avoir tant dit, le berger s'assit, et le patron reprit la parole :

« Oui, monsieur, c'est ce pauvre vieux qui est venu nous prévenir. Il était presque fou de peur; et, de l'affaire, sa cervelle en est restée détraquée. Le fait est qu'il y avait de quoi... Figurez-vous six cents cadavres en tas sur le sable, pêle-mêle avec les

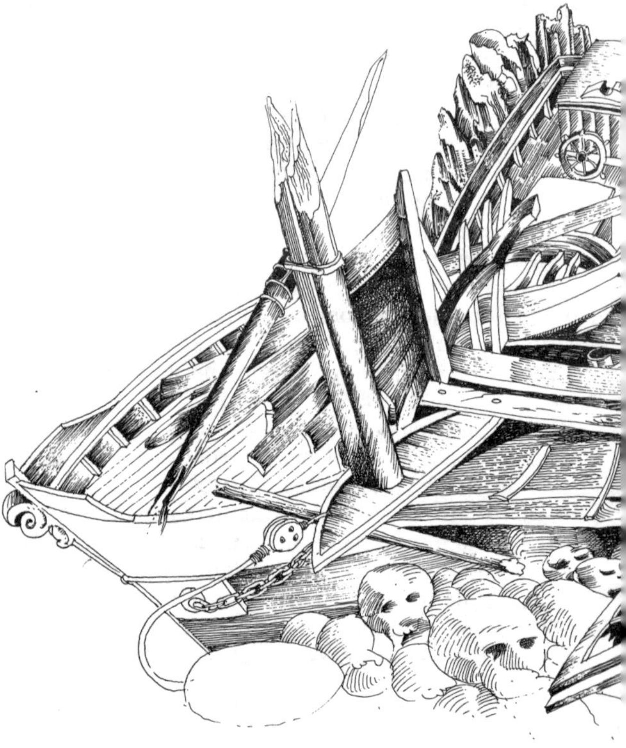

éclats de bois et les lambeaux de toile... Pauvre *Sémillante!*... la mer l'avait broyée du coup, et si bien mise en miettes que dans tous ses débris le berger Palombo n'a trouvé qu'à grand-peine de quoi faire une palissade autour de sa hutte... Quant aux hommes, presque tous défigurés, mutilés affreusement... C'était pitié de les voir accrochés les uns aux autres, par grappes... Nous trouvâmes le capitaine en grand costume, l'aumônier son étole au cou; dans un coin, entre deux roches, un petit mousse, les yeux ouverts... on aurait cru qu'il vivait encore; mais non! il était dit que pas un n'en réchapperait... »

Ici le patron s'interrompit :

« Attention, Nardi! cria-t-il, le feu s'éteint. »

Nardi jeta sur la braise deux ou trois morceaux de planches goudronnées qui s'enflammèrent, et Lionetti continua :

« Ce qu'il y a de plus triste dans cette histoire, le voici... Trois semaines avant le sinistre, une petite corvette, qui allait en Crimée comme la *Sémillante*, avait fait naufrage de la même façon, presque au même endroit; seulement, cette fois-là, nous étions parvenus à sauver l'équipage et vingt soldats du train qui se trouvaient à bord... Ces pauvres tringlots n'étaient pas à leur affaire, vous pensez! On les emmena à Bonifacio et nous les gardâmes pendant deux jours avec nous, à la *marine*... Une fois bien secs et remis sur pied, bonsoir! bonne chance! ils retournèrent à Toulon, où, quelque temps après, on les embarqua de nouveau pour la Crimée... Devinez sur quel navire!... Sur la *Sémillante*, monsieur... Nous les avons retrouvés tous, tous les vingt, couchés parmi les morts, à la place où nous sommes... Je relevai moi-même un joli brigadier à fines moustaches, un blondin de Paris, que j'avais couché à la maison et qui nous avait fait rire tout le temps avec ses histoires... De le voir là, ça me creva le cœur... Ah! Santa Madre!... »

Là-dessus, le brave Lionetti, tout ému, secoua les cendres de sa pipe et se roula dans son caban en me souhaitant la bonne nuit... Pendant quelque temps encore, les matelots causèrent entre eux à demi-voix... Puis, l'une après l'autre, les pipes s'éteignirent... On ne parla plus... Le vieux berger s'en alla... Et je restai seul à rêver au milieu de l'équipage endormi.

*

Encore sous l'impression du lugubre récit que je venais d'entendre, j'essayais de reconstruire dans ma pensée le pauvre navire défunt et l'histoire de cette agonie dont les goélands ont été seuls témoins. Quelques détails qui m'avaient frappé, le capitaine en grand costume, l'étole de l'aumônier, les vingt soldats du train, m'aidaient à deviner toutes les péripéties du drame... Je voyais la frégate partant de Toulon dans la nuit... Elle sort du port. La mer est mauvaise, le vent terrible; mais on a pour capitaine un vaillant marin, et tout le monde est tranquille à bord...

Le matin, la brume de mer se lève. On commence à être inquiet. Tout l'équipage est en haut. Le capitaine ne quitte pas la dunette... Dans l'entrepont, où les soldats sont renfermés, il fait noir; l'atmosphère est chaude. Quelques-uns sont malades, couchés sur leurs sacs. Le navire tangue horriblement; impossible de se tenir debout. On cause assis à terre, par groupes, en se cramponnant aux bancs; il faut crier pour s'entendre. Il y en a qui commencent à avoir peur... Écoutez donc! les naufrages sont fréquents dans ces parages-ci; les tringlots sont là pour le dire, et ce qu'ils racontent n'est pas rassurant. Leur brigadier surtout, un Parisien qui blague toujours, vous donne la chair de poule avec ses plaisanteries :

« Un naufrage!... mais c'est très amusant, un naufrage. Nous en serons quittes pour un bain à la glace, et puis on nous mènera à Bonifacio, histoire de manger des merles chez le patron Lionetti. »

Et les tringlots de rire...

Tout à coup, un craquement... Qu'est-ce que c'est? Qu'arrive-t-il?...

« Le gouvernail vient de partir, dit un matelot tout mouillé qui traverse l'entrepont en courant.

— Bon voyage! » crie cet enragé de brigadier; mais cela ne fait plus rire personne.

Grand tumulte sur le pont. La brume empêche de se voir. Les matelots vont et viennent, effrayés, à tâtons... Plus de gouvernail! La manœuvre est impossible... La *Sémillante*, en dérive, file comme le vent... C'est à ce moment que le douanier la voit passer; il est onze heures et demie. A l'avant de la frégate, on entend comme un coup de canon... Les brisants! les brisants!... C'est fini, il n'y a plus d'espoir, on va droit à la côte... Le capitaine descend dans sa cabine... Au bout d'un moment, il vient reprendre sa place sur la dunette —, en grand costume... Il a voulu se faire beau pour mourir.

Dans l'entrepont, les soldats, anxieux, se regardent, sans rien dire... Les malades essaient de se redresser... le petit brigadier ne rit plus... C'est alors que la porte s'ouvre et que l'aumônier paraît sur le seuil avec son étole :

« A genoux, mes enfants! »

Tout le monde obéit. D'une voix retentissante, le prêtre commence la prière des agonisants.

Soudain, un choc formidable, un cri, un seul cri, un cri immense, des bras tendus, des mains qui se cramponnent, des regards effarés où la vision de la mort passe comme un éclair...

Miséricorde!...

C'est ainsi que je passai toute la nuit à rêver, évoquant, à dix ans de distance, l'âme du pauvre navire dont les débris m'entouraient... Au loin, dans le détroit, la tempête faisait rage; la flamme du bivouac se courbait sous la rafale; et j'entendais notre barque danser au pied des roches en faisant crier son amarre.

LES DOUANIERS

Le bateau l'*Emilie*, de Porto-Vecchio, à bord duquel j'ai fait ce lugubre voyage aux îles Lavezzi, était une vieille embarcation de la douane, à demi pontée, où l'on n'avait pour s'abriter du vent, des lames, de la pluie, qu'un petit rouf goudronné, à peine assez large pour tenir une table et deux couchettes. Aussi il fallait voir nos matelots par le gros temps. Les figures ruisselaient, les vareuses trempées fumaient comme du linge à l'étuve, et en plein hiver les malheureux passaient ainsi des journées entières, même des nuits, accroupis sur leurs bancs mouillés, à grelotter dans cette humidité malsaine; car on ne pouvait pas allumer de feu à bord, et la rive était souvent difficile à atteindre... Eh bien, pas un de ces hommes ne se plaignait. Par les temps les plus rudes, je leur ai toujours vu la même placidité, la même bonne humeur. Et pourtant, quelle triste vie que celle de ces matelots douaniers!

Presque tous mariés, ayant femme et enfants à terre, ils restent des mois dehors, à louvoyer sur ces côtes si dangereuses. Pour se nourrir, ils n'ont guère que du pain moisi et des oignons sauvages. Jamais de vin, jamais de viande, parce que la viande et le vin coûtent cher et qu'ils ne gagnent que cinq cents francs par an! Cinq cents francs par an! Vous pensez si la hutte doit être noire là-bas à la *marine*, et si les enfants doivent aller pieds nus!... N'importe! Tous ces gens-

là paraissent contents. Il y avait à l'arrière, devant le rouf, un grand baquet plein d'eau de pluie où l'équipage venait boire, et je me rappelle que, la dernière gorgée finie, chacun de ces pauvres diables secouait son gobelet avec un « Ah! » de satisfaction, une expression de bien-être à la fois comique et attendrissante.

Le plus gai, le plus satisfait de tous, était un petit Bonifacien hâlé et trapu qu'on appelait Palombo. Celui-là ne faisait que chanter, même dans les plus gros temps. Quand la lame devenait lourde, quand le ciel assombri et bas se remplissait de grésil, et qu'on était là tous, le nez en l'air, la main sur l'écoute, à guetter le coup de vent qui allait venir, alors, dans le grand silence et l'anxiété du bord, la voix tranquille de Palombo commençait :

Non, monseigneur,
C'est trop d'honneur.
Lisette est sa...age,
Reste au villa...age...

Et la rafale avait beau souffler, faire gémir les agrès, secouer et inonder la barque, la chanson du douanier allait son train, balancée comme une mouette à la pointe des vagues. Quelquefois le vent accompagnait trop fort, on n'entendait plus les paroles; mais, entre chaque coup de mer, dans le ruissellement de l'eau qui s'égouttait, le petit refrain revenait toujours :

Lisette est sa...age,
Reste au villa...age.

Un jour, pourtant, qu'il ventait et pleuvait très fort, je ne l'entendis pas. C'était si extraordinaire que je sortis la tête du rouf :

« Eh! Palombo, on ne chante donc plus? »

Palombo ne répondit pas. Il était immobile, couché sous son banc. Je m'approchai de lui. Ses dents claquaient; tout son corps tremblait de fièvre.

« Il a une *pountoura* », me dirent ses camarades tristement.

Ce qu'ils appellent *pountoura*, c'est un point de côté, une pleurésie. Ce grand ciel plombé, cette barque ruisselante, ce pauvre fiévreux roulé dans un vieux manteau de caoutchouc qui luisait sous la pluie comme une peau de phoque, je n'ai jamais rien vu de plus lugubre. Bientôt le froid, le vent, la secousse des vagues, aggravèrent son mal. Le délire le prit; il fallut aborder.

*

Après beaucoup de temps et d'efforts, nous entrâmes vers le soir dans un petit port aride et silencieux qu'animait seulement le vol circulaire de quelques *gouailles*. Tout autour de la plage montaient de hautes roches escarpées, des maquis inextricables d'arbustes verts, d'un vert sombre, sans saison. En bas, au bord de l'eau, une petite maison blanche à volets gris : c'était le poste de la douane. Au milieu de ce désert, cette bâtisse de l'État, numérotée comme une casquette d'uniforme, avait quelque chose de sinistre. C'est là qu'on descendit le malheureux Palombo. Triste asile pour un malade! Nous trouvâmes le douanier en train de manger au coin du feu avec sa femme et ses enfants. Tout ce monde-là vous avait des mines hâves, jaunes, des yeux agrandis, cerclés de fièvre. La mère, jeune encore, un nourrisson sur les bras, grelottait en nous parlant.

« C'est un poste terrible, me dit tout bas l'inspecteur. Nous sommes obligés de renouveler nos douaniers tous les deux ans. La fièvre de marais les mange... »

Il s'agissait cependant de se procurer un médecin. Il n'y en avait pas avant Sartène, c'est-à-dire à six ou huit lieues de là. Comment faire? Nos matelots n'en pouvaient plus; c'était trop loin pour envoyer un des enfants. Alors la femme, se penchant dehors, appela :

« Cecco!... Cecco! »

Et nous vîmes entrer un grand gars bien découplé, vrai type de braconnier ou de *banditto*, avec son bonnet de laine brune et son *pelone* en poils de chèvre. En débarquant je l'avais déjà remarqué, assis devant la porte, sa pipe rouge aux dents, un fusil entre les jambes; mais, je ne sais pourquoi, il s'était enfui à notre approche. Peut-être croyait-il que nous avions des gendarmes avec nous. Quand il entra, la douanière rougit un peu.

« C'est mon cousin... nous dit-elle. Pas de danger que celui-là se perde dans le maquis. »

Puis elle lui parla tout bas, en montrant le malade. L'homme s'inclina sans répondre, sortit, siffla son chien, et le voilà parti, le fusil sur l'épaule, sautant de roche en roche avec ses longues jambes.

Pendant ce temps-là les enfants, que la présence de l'inspecteur semblait terrifier, finissaient vite leur dîner de châtaignes et de *brucio* (fromage blanc). Et toujours de l'eau, rien que de l'eau sur la table! Pourtant, c'eût été bien bon, un coup de vin, pour ces petits. Ah! misère! Enfin la mère monta les coucher; le père, allumant son falot, alla inspecter la côte, et nous restâmes au coin du feu à veiller notre malade qui s'agitait sur son grabat, comme s'il était encore en pleine mer, secoué par les lames. Pour calmer un peu sa *pountoura*, nous faisions chauffer des galets, des briques qu'on lui posait sur le côté. Une ou deux fois, quand je m'approchai de son lit, le malheureux me reconnut, et, pour me remercier, me tendit péniblement la main, une grosse main râpeuse et brûlante comme une de ces briques sorties du feu...

Triste veillée! Au-dehors, le mauvais temps avait repris avec la tombée du jour, et c'était un fracas, un roulement, un jaillissement d'écume, la bataille des roches et de l'eau. De temps en temps, le coup de vent du large parvenait à se glisser dans la baie et enveloppait notre maison. On le sentait à la montée subite de la flamme qui éclairait tout à coup les visages mornes des matelots, groupés autour de la cheminée et regardant le feu avec cette placidité d'expression que donne l'habitude des grandes étendues et des horizons pareils. Parfois aussi, Palombo se plaignait doucement. Alors tous les yeux se tournaient vers le coin obscur où le pauvre camarade était en train de mourir, loin des siens, sans secours; les poitrines se gonflaient et l'on entendait de gros soupirs. C'est tout ce qu'arrachait à ces ouvriers de la mer, patients et doux, le sentiment de leur propre infortune. Pas de révoltes, pas de grèves. Un soupir, et rien de plus!... Si, pourtant, je me trompe. En passant devant moi pour jeter une bourrée au feu, un d'eux me dit tout bas d'une voix navrée :

« Voyez-vous, monsieur... on a quelquefois bien *du* tourment dans notre métier! »

LE CURÉ DE CUCUGNAN

Tous les ans, à la Chandeleur, les poètes provençaux publient en Avignon un joyeux petit livre rempli jusqu'aux bords de beaux vers et de jolis contes. Celui de cette année m'arrive à l'instant, et j'y trouve un adorable fabliau que je vais essayer de vous traduire en l'abrégeant un peu... Parisiens, tendez vos mannes. C'est de la fine fleur de farine provençale qu'on va vous servir cette fois...

*

L'abbé Martin était curé... de Cucugnan.

Bon comme le pain, franc comme l'or, il aimait paternellement ses Cucugnanais; pour lui, son Cucugnan aurait été le paradis sur terre, si les Cucugnanais lui avaient donné un peu plus de satisfaction. Mais, hélas! les araignées filaient dans son confessionnal, et, le beau jour de Pâques, les hosties restaient au fond de son saint ciboire. Le bon prêtre en avait le cœur meurtri, et toujours il demandait à Dieu la grâce de ne pas mourir avant d'avoir ramené au bercail son troupeau dispersé.

Or, vous allez voir que Dieu l'entendit.

Un dimanche, après l'Évangile, M. Martin monta en chaire.

*

« Mes frères, dit-il, vous me croirez si vous voulez; l'autre nuit, je me suis trouvé, moi misérable pécheur, à la porte du paradis.

« Je frappai : saint Pierre m'ouvrit !

« — Tiens! c'est vous, mon brave monsieur Martin, me fit-il; quel bon vent?... et qu'y a-t-il pour votre service?

« — Beau saint Pierre, vous qui tenez le grand livre et la clef, pourriez-vous me dire, si je ne suis pas trop curieux, combien vous avez de Cucugnanais en paradis?

« — Je n'ai rien à vous refuser, monsieur Martin; asseyez-vous, nous allons voir la chose ensemble.

« Et saint Pierre prit son gros livre, l'ouvrit, mit ses besicles :

« — Voyons un peu : Cucugnan, disons-nous. Cu... Cu... Cucugnan. Nous y sommes. Cucugnan... Mon brave monsieur Martin, la page est toute blanche. Pas une âme... Pas plus de Cucugnanais que d'arêtes dans une dinde.

« — Comment! Personne de Cucugnan ici? Personne? Ce n'est pas possible! Regardez mieux...

« — Personne, saint homme. Regardez vous-même, si vous croyez que je plaisante. »

« Moi, pécaïre! je frappais des pieds, et, les mains jointes, je criais miséricorde. Alors, saint Pierre :

« — Croyez-moi, monsieur Martin, il ne faut pas ainsi vous mettre le cœur à l'envers, car vous pourriez en avoir quelque mauvais coup de sang. Ce n'est pas votre faute, après tout. Vos Cucugnanais, voyez-vous, doivent faire à coup sûr leur petite quarantaine en purgatoire.

« — Ah! par charité, grand saint Pierre! faites que je puisse au moins les voir et les consoler.

« — Volontiers, mon ami... Tenez, chaussez vite ces sandales, car les chemins ne sont pas beaux de reste... Voilà qui est bien... Maintenant, cheminez droit devant vous. Voyez-vous là-bas, au fond, en tournant? Vous trouverez une porte d'argent toute constellée de croix noires... à main droite... Vous frapperez, on vous ouvrira... Adessias! Tenez-vous sain et gaillardet. »

*

« Et je cheminai... je cheminai! Quelle battue! j'ai la chair de poule, rien que d'y songer. Un petit sentier, plein de ronces, d'escarboucles qui luisaient et de serpents qui sifflaient, m'amena jusqu'à la porte d'argent.

« — Pan! pan!

« — Qui frappe? me fait une voix rauque et dolente.

« — Le curé de Cucugnan.

« — De...?

« — De Cucugnan.

« — Ah!... Entrez.

« J'entrai. Un grand bel ange, avec des ailes sombres comme la nuit, avec une robe resplendissante comme le jour, avec une clef de diamant pendue à sa ceinture, écrivait, cra-cra, dans un grand livre plus gros que celui de saint Pierre...

« — Finalement, que voulez-vous et que demandez-vous? dit l'ange.

« — Bel ange de Dieu, je veux savoir, — je suis bien curieux peut-être, — si vous avez ici des Cucugnanais.

« — Les...?

« — Les Cucugnanais, les gens de Cucugnan... que c'est moi qui suis leur prieur.

« — Ah! l'abbé Martin, n'est-ce pas?

« — Pour vous servir, monsieur l'ange. »

*

« — Vous dites donc Cucugnan... »

« Et l'ange ouvre et feuillette son grand livre, mouillant son doigt de salive pour que le feuillet glisse mieux...

« — Cucugnan, dit-il en poussant un long soupir... Monsieur Martin, nous n'avons en purgatoire personne de Cucugnan.

« — Jésus! Marie! Joseph! personne de Cucugnan en purgatoire! O grand Dieu! où sont-ils donc?

« — Eh! saint homme, ils sont en paradis. Où diantre voulez-vous qu'ils soient?

« — Mais j'en viens, du paradis...

« — Vous en venez!... Eh bien?

« — Eh bien! ils n'y sont pas!... Ah! bonne mère des anges!...

« — Que voulez-vous, monsieur le curé! s'ils ne sont ni en paradis, ni en purgatoire, il n'y a pas de milieu, ils sont...

« — Sainte croix! Jésus, fils de David! Aï! aï! aï! est-il possible?... Serait-ce un mensonge du grand saint Pierre?... Pourtant je n'ai pas entendu chanter le coq!... Aï! pauvres nous! Comment irai-je en paradis si mes Cucugnanais n'y sont pas?

« — Écoutez, mon pauvre monsieur Martin, puisque vous voulez coûte que coûte être sûr de tout ceci, et voir de vos yeux de quoi il retourne, prenez ce sentier, filez en courant, si vous savez courir. Vous trouverez, à gauche, un grand portail. Là, vous vous renseignerez sur tout. Dieu vous le donne!

« Et l'ange ferma la porte. »

*

« C'était un long sentier tout pavé de braise rouge. Je chancelais comme si j'avais bu; à chaque pas, je trébuchais; j'étais tout en eau, chaque poil de mon corps avait sa goutte de sueur, et je haletais de soif... Mais, ma foi, grâce aux sandales que le bon saint

Pierre m'avait prêtées, je ne me brûlais pas les pieds.

« Quand j'eus fait assez de faux pas clopin-clopant, je vis à ma main gauche une porte... non, un portail, un énorme portail, tout bâillant, comme la porte d'un grand four. Oh! mes enfants, quel spectacle! Là, on ne demande pas mon nom; là, point de registre. Par fournées et à pleine porte, on entre là, mes frères, comme le dimanche vous entrez au cabaret.

« Je suais à grosses gouttes, et pourtant j'étais transi, j'avais le frisson. Mes cheveux se dressaient. Je sentais le brûlé, la chair rôtie, quelque chose comme l'odeur qui se répand dans notre Cucugnan quand Eloy, le maréchal, brûle pour la ferrer la botte d'un vieil âne. Je perdais haleine dans cet air puant et embrasé! j'entendais une clameur horrible, des gémissements, des hurlements et des jurements.

« — Eh bien, entres-tu ou n'entres-tu pas, toi? — me fait, en me piquant de sa fourche, un démon cornu.

« — Moi? Je n'entre pas. Je suis un ami de Dieu.

« — Tu es un ami de Dieu... Eh! b... de teigneux! que viens-tu faire ici?...

« — Je viens... Ah! ne m'en parlez pas, que je ne puis plus me tenir sur mes jambes... Je viens... je viens de loin... humblement vous demander... si... si, par coup de hasard... vous n'auriez pas ici... quelqu'un... quelqu'un de Cucugnan...

« — Ah! feu de Dieu! tu fais la bête, toi, comme si tu ne savais pas que tout Cucugnan est ici. Tiens, laid corbeau, regarde, et tu verras comme nous les arrangeons ici, tes fameux Cucugnanais... »

*

« Et je vis, au milieu d'un épouvantable tourbillon de flamme :

« Le long Coq-Galine, — vous l'avez tous connu, mes frères, — Coq-Galine, qui se grisait si souvent, et si souvent secouait les puces à sa pauvre Clairon.

« Je vis Catarinet... cette petite gueuse... avec son

nez en l'air... qui couchait toute seule à la grange... Il vous en souvient, mes drôles!... Mais passons, j'en ai trop dit.

« Je vis Pascal Doigt-de-Poix, qui faisait son huile avec les olives de M. Julien.

« Je vis Babet la glaneuse, qui, en glanant, pour avoir plus vite noué sa gerbe, puisait à poignées aux gerbiers.

« Je vis maître Grapasi, qui huilait si bien la roue de sa brouette.

« Et Dauphine, qui vendait si cher l'eau de son puits.

« Et le Tortillard, qui, lorsqu'il me rencontrait portant le bon Dieu, filait son chemin, la barrette sur la tête et la pipe au bec... et fier comme Artaban... comme s'il avait rencontré un chien.

« Et Coulau avec sa Zette, et Jacques et Pierre, et Toni... »

*

Ému, blême de peur, l'auditoire gémit, en voyant, dans l'enfer tout ouvert, qui son père et qui sa mère, qui sa grand-mère et qui sa sœur...

« Vous sentez bien, mes frères, reprit le bon abbé Martin, vous sentez bien que ceci ne peut pas durer. J'ai charge d'âmes, et je veux, je veux vous sauver de l'abîme où vous êtes tous en train de rouler, tête première. Demain je me mets à l'ouvrage, pas plus tard que demain. Et l'ouvrage ne manquera pas! Voici comment je m'y prendrai. Pour que tout se fasse bien, il faut tout faire avec ordre. Nous irons rang par rang, comme à Jonquières quand on danse.

« Demain lundi, je confesserai les vieux et les vieilles. Ce n'est rien.

« Mardi, les enfants. J'aurai bientôt fait.

« Mercredi, les garçons et les filles. Cela pourra être long.

« Jeudi, les hommes. Nous couperons court.

« Vendredi, les femmes. Je dirai : Pas d'histoires!

« Samedi, le meunier!... Ce n'est pas trop d'un jour pour lui tout seul!...

« Et, si dimanche nous avons fini, nous serons bien heureux.

« Voyez-vous, mes enfants, quand le blé est mûr, il faut le couper; quand le vin est tiré, il faut le boire. Voilà assez de linge sale, il s'agit de le laver, et de le bien laver.

« C'est la grâce que je vous souhaite. *Amen!* »

*

Ce qui fut dit fut fait. On coula la lessive.

Depuis ce dimanche mémorable, le parfum des vertus de Cucugnan se respire à dix lieues à l'entour.

Et le bon pasteur, M. Martin, heureux et plein d'allégresse, a rêvé l'autre nuit que, suivi de tout son troupeau, il gravissait, en resplendissante procession, au milieu des cierges allumés, d'un nuage d'encens qui embaumait et des enfants de chœur qui chantaient *Te Deum*, le chemin éclairé de la cité de Dieu.

Et voilà l'histoire du curé de Cucugnan, telle que m'a ordonné de vous la dire ce grand gueusard de Roumanille, qui la tenait lui-même d'un autre bon compagnon.

LES VIEUX

« Une lettre, père Azan?

— Oui, monsieur... ça vient de Paris. »

Il était tout fier que ça vînt de Paris, ce brave père Azan... Pas moi. Quelque chose me disait que cette Parisienne de la rue Jean-Jacques, tombant sur ma table à l'improviste et de si grand matin, allait me faire perdre toute ma journée. Je ne me trompais pas, voyez plutôt :

Il faut que tu me rendes un service, mon ami. Tu vas fermer ton moulin pour un jour et t'en aller tout de suite à Eyguières... Eyguières est un gros bourg à trois ou quatre lieues de chez toi — une promenade. En arrivant, tu demanderas le couvent des Orphelines. La première maison après le couvent est une maison basse à volets gris avec un jardinet derrière. Tu entreras sans frapper — la porte est toujours ouverte — et, en entrant, tu crieras bien fort : « Bonjour, braves gens! Je suis l'ami de Maurice... » Alors, tu verras deux petits vieux, oh! mais vieux, vieux, archi-vieux, te tendre les bras du fond de leurs grands fauteuils, et tu les embrasseras de ma part, avec tout ton cœur, comme s'ils étaient à toi. Puis vous causerez ; ils te parleront de moi, rien que de moi ; ils te raconteront mille folies que tu écouteras sans rire... Tu ne riras pas, hein?... Ce sont mes grands-parents, deux êtres dont je suis toute la vie et qui ne m'ont pas vu depuis dix ans... Dix ans, c'est long! Mais que veux-tu! moi, Paris me tient ; eux, c'est le grand âge... Ils sont si vieux, s'ils venaient me voir, ils se casseraient en route... Heureusement, tu es là-bas, mon cher meunier, et, en t'embrassant, les pauvres gens croiront m'embrasser un peu moi-même... Je leur ai si souvent parlé de nous et de cette bonne amitié dont...

Le diable soit de l'amitié! Justement ce matin-là il faisait un temps admirable, mais qui ne valait rien pour courir les routes : trop de mistral et trop de soleil, une vraie journée de Provence. Quand cette maudite lettre arriva, j'avais déjà choisi mon *cagnard* (abri) entre deux roches, et je rêvais de rester là tout le jour, comme un lézard, à boire de la lumière, en écoutant chanter les pins... Enfin, que voulez-vous faire? Je fermai le moulin en maugréant, je mis la clef sous la chatière. Mon bâton, ma pipe, et me voilà parti.

J'arrivai à Eyguières vers deux heures. Le village était désert, tout le monde aux champs. Dans les ormes du cours, blancs de poussière, les cigales chantaient comme en pleine Crau. Il y avait bien sur la place de la mairie un âne qui prenait le soleil, un vol de pigeons sur la fontaine de l'église, mais personne pour m'indiquer l'orphelinat. Par bonheur une vieille fée m'apparut tout à coup, accroupie et filant dans l'encoignure de sa porte; je lui dis ce que je cherchais; et comme cette fée était très puissante, elle n'eut qu'à lever sa quenouille : aussitôt le couvent des Orphelines se dressa devant moi comme par magie... C'était une grande maison maussade et noire, toute fière de montrer au-dessus de son portail en ogive une vieille croix de grès rouge avec un peu de latin autour. A côté de cette maison, j'en aperçus une autre plus petite. Des volets gris, le jardin derrière... Je la reconnus tout de suite, et j'entrai sans frapper.

Je reverrai toute ma vie ce long corridor frais et calme, la muraille peinte en rose, le jardinet qui tremblait au fond à travers un store de couleur claire, et sur tous les panneaux des fleurs et des violons fanés. Il me semblait que j'arrivais chez quelque vieux bailli du temps de Sedaine... Au bout du couloir, sur la gauche, par une porte entrouverte on entendait le tic-tac d'une grosse horloge et une voix d'enfant, mais d'enfant à l'école, qui lisait en s'arrêtant à chaque syllabe : A...LORS... SAINT... I...RÉNÉE... S'ÉCRIA... JE... SUIS... LE... FRO... MENT... DU SEIGNEUR... IL... FAUT... QUE... JE... SOIS... MOU... LU... PAR... LA... DENT... DE... CES... A...NI...MAUX... Je m'approchai doucement de cette porte et je regardai...

Dans le calme et le demi-jour d'une petite chambre, un bon vieux à pommettes roses, ridé jusqu'au bout des doigts, dormait au fond d'un fauteuil, la bouche ouverte, les mains sur ses genoux. A ses pieds, une fillette habillée de bleu, — grande pèlerine et petit béguin, le costume des orphelines, — lisait la Vie de saint Irénée dans un livre plus gros qu'elle... Cette lecture miraculeuse avait opéré sur toute la maison. Le vieux dormait dans son fauteuil, les mouches au plafond, les canaris dans leur cage, là-bas sur la fenêtre. La grosse horloge ronflait, tic-tac, tic-tac.

Il n'y avait d'éveillé dans toute la chambre qu'une grande bande de lumière qui tombait droite et blanche entre les volets clos, pleine d'étincelles vivantes et de valses microscopiques... Au milieu de l'assoupissement général, l'enfant continuait sa lecture d'un air grave : AUS... SI... TOT... DEUX... LIONS... SE... PRÉ... CI... PI... TÈ... RENT... SUR... LUI... ET... LE... DÉ... VO... RÈ... RENT... C'est à ce moment que j'entrai... Les lions de saint Irénée se précipitant dans la chambre n'y auraient pas produit plus de stupeur que moi. Un vrai coup de théâtre! La petite pousse un cri, le gros livre tombe, les canaris, les mouches se réveillent, la pendule sonne, le vieux se dresse en sursaut, tout effaré, et moi-même, un peu troublé, je m'arrête sur le seuil en criant bien fort :

« Bonjour, braves gens! je suis l'ami de Maurice. »

Oh! alors, si vous l'aviez vu, le pauvre vieux, si vous l'aviez vu venir vers moi les bras tendus, m'embrasser, me serrer les mains, courir égaré dans la chambre, en faisant :

« Mon Dieu! mon Dieu!... »

Toutes les rides de son visage riaient. Il était rouge. Il bégayait :

« Ah! monsieur... ah! monsieur... »

Puis il allait vers le fond en appelant :

« Mamette! »

Une porte qui s'ouvre, un trot de souris dans le couloir... c'était Mamette. Rien de joli comme cette petite vieille avec son bonnet à coque, sa robe carmélite, et son mouchoir brodé qu'elle tenait à la main pour me faire honneur, à l'ancienne mode... Chose attendrissante : ils se ressemblaient. Avec un tour et des coques jaunes, il aurait pu s'appeler Mamette, lui aussi. Seulement la vraie Mamette avait dû beaucoup pleurer dans sa vie, et elle était encore plus ridée que l'autre. Comme l'autre aussi, elle avait près d'elle une enfant de l'orphelinat, petite garde en pèlerine bleue, qui ne la quittait jamais; et de voir ces vieillards protégés par ces orphelines, c'était ce qu'on peut imaginer de plus touchant.

En entrant, Mamette avait commencé par me faire une grande révérence, mais d'un mot le vieux lui coupa sa révérence en deux :

« C'est l'ami de Maurice... »

Aussitôt la voilà qui tremble, qui pleure, perd son mouchoir, qui devient rouge, toute rouge, encore plus rouge que lui... Ces vieux! ça n'a qu'une goutte de sang dans les veines, et à la moindre émotion elle leur saute au visage...

« Vite, vite, une chaise... dit la vieille à sa petite.

— Ouvre les volets... » crie le vieux à la sienne.

Et, me prenant chacun par une main, ils m'emmenèrent en trottinant jusqu'à la fenêtre, qu'on a ouverte toute grande pour mieux me voir. On approche les fauteuils, je m'installe entre les deux sur un pliant, les petites bleues derrière nous, et l'interrogatoire commence :

« Comment va-t-il? Qu'est-ce qu'il fait? Pourquoi ne vient-il pas? Est-ce qu'il est content?... »

Et patati! et patata! Comme cela pendant des heures.

Moi, je répondais de mon mieux à toutes leurs questions, donnant sur mon ami les détails que je savais, inventant effrontément ceux que je ne savais pas, me gardant surtout d'avouer que je n'avais jamais remarqué si ses fenêtres fermaient bien ou de quelle couleur était le papier de sa chambre.

« Le papier de sa chambre!... Il est bleu, madame, bleu clair, avec des guirlandes...

— Vraiment? » faisait la pauvre vieille attendrie; et elle ajoutait en se tournant vers son mari : « C'est un si brave enfant!

— Oh! oui, c'est un brave enfant! » reprenait l'autre avec enthousiasme.

Et, tout le temps que je parlais, c'étaient entre eux des hochements de tête, de petits rires fins, des clignements d'yeux, des airs entendus, ou bien encore le vieux qui se rapprochait pour me dire :

« Parlez plus fort... Elle a l'oreille un peu dure. »

Et elle de son côté :

« Un peu plus haut, je vous prie!... Il n'entend pas très bien... »

Alors j'élevais la voix; et tous deux me remerciaient d'un sourire; et dans ces sourires fanés qui se penchaient vers moi, cherchant jusqu'au fond de mes yeux l'image de leur Maurice, moi, j'étais tout ému de la retrouver cette image vague, voilée, presque insaisissable, comme si je voyais mon ami me sourire, très loin, dans un brouillard.

*

Tout à coup le vieux se dresse sur son fauteuil :

« Mais j'y pense, Mamette... il n'a peut-être pas déjeuné! »

Et Mamette, effarée, les bras au ciel :

« Pas déjeuné!... Grand Dieu! »

Je croyais qu'il s'agissait encore de Maurice, et j'allais répondre que ce brave enfant n'attendait jamais plus tard que midi pour se mettre à table. Mais non, c'était bien de moi qu'on parlait; et il faut voir quel branle-bas quand j'avouai que j'étais encore à jeun :

« Vite le couvert, petites bleues! La table au milieu de la chambre, la nappe du dimanche, les assiettes à fleurs. Et ne rions pas tant, s'il vous plaît! et dépêchons-nous... »

Je crois bien qu'elles se dépêchaient. A peine le temps de casser trois assiettes, le déjeuner se trouva servi.

« Un bon petit déjeuner! me disait Mamette en me conduisant à table; seulement vous serez tout seul... Nous autres, nous avons déjà mangé ce matin. »

Ces pauvres vieux! à quelque heure qu'on les prenne, ils ont toujours mangé le matin.

Le bon petit déjeuner de Mamette, c'était deux doigts de lait, des dattes et une *barquette*, quelque chose comme un échaudé; de quoi la nourrir elle et ses canaris au moins pendant huit jours... Et dire qu'à moi seul je vins à bout de toutes ces provisions!... Aussi quelle indignation autour de la table! Comme les petites bleues chuchotaient en se poussant du coude, et là-bas, au fond de leur cage, comme les canaris avaient l'air de se dire : « Oh! ce monsieur qui mange toute la *barquette!* »

Je la mangeai toute, en effet, et presque sans m'en apercevoir, occupé que j'étais à regarder autour de moi dans cette chambre claire et paisible où flottait comme une odeur de choses anciennes... Il y avait surtout deux petits lits dont je ne pouvais pas détacher mes yeux. Ces lits, presque des berceaux, je me les figurais le matin, au petit jour, quand ils sont encore enfouis sous leurs grands rideaux à franges. Trois heures sonnent. C'est l'heure où tous les vieux se réveillent :

« Tu dors, Mamette?

— Non, mon ami.

— N'est-ce pas que Maurice est un brave enfant?

— Oh! oui, c'est un brave enfant. »

Et j'imaginais comme cela toute une causerie, rien que pour avoir vu ces deux petits lits de vieux, dressés l'un à côté de l'autre...

Pendant ce temps, un drame terrible se passait à l'autre bout de la chambre, devant l'armoire. Il s'agissait d'atteindre là-haut, sur le dernier rayon, certain bocal de cerises à l'eau-de-vie qui attendait Maurice depuis dix ans et dont on voulait me faire l'ouverture. Malgré les supplications de Mamette, le vieux avait tenu à aller chercher ses cerises lui-même; et, monté sur une chaise au grand effroi de sa femme, il essayait d'arriver là-haut... Vous voyez le tableau d'ici, le vieux qui tremble et qui se hisse, les petites bleues cramponnées à sa chaise, Mamette derrière lui haletante, les bras tendus, et sur tout cela un léger parfum de bergamote qui s'exhale de l'armoire ouverte et des grandes piles de linge roux... C'était charmant.

Enfin, après bien des efforts, on parvint à le tirer de l'armoire, ce fameux bocal, et avec lui une vieille timbale d'argent toute bosselée, la timbale de Maurice quand il était petit. On me la remplit de cerises jusqu'au bord; Maurice les aimait tant, les cerises! Et tout en me servant, le vieux me disait à l'oreille d'un air de gourmandise :

« Vous êtes bien heureux, vous, de pouvoir en manger!... C'est ma femme qui les a faites... Vous allez goûter quelque chose de bon. »

Hélas! sa femme les avait faites, mais elle avait oublié de les sucrer. Que voulez-vous! on devient distrait en vieillissant. Elles étaient atroces, vos cerises, ma pauvre Mamette... Mais cela ne m'empêcha pas de les manger jusqu'au bout, sans sourciller.

Le repas terminé, je me levai pour prendre congé de mes hôtes. Ils auraient bien voulu me garder encore un peu pour causer du brave enfant, mais le jour baissait, le moulin était loin, il fallait partir.

Le vieux s'était levé en même temps que moi.

« Mamette, mon habit!... Je veux le conduire jusqu'à la place. »

Bien sûr qu'au fond d'elle-même, Mamette trouvait qu'il faisait déjà un peu frais pour me conduire jusqu'à la place; mais elle n'en laissa rien paraître.

Seulement, pendant qu'elle l'aidait à passer les manches de son habit, un bel habit tabac d'Espagne à boutons de nacre, j'entendais la chère créature qui lui disait doucement :

« Tu ne rentreras pas trop tard, n'est-ce pas? »

Et lui, d'un petit air malin :

« Hé! Hé!... je ne sais pas... peut-être... »

Là-dessus, ils se regardaient en riant, et les petites bleues riaient de les voir rire, et dans leur coin les canaris riaient aussi à leur manière... Entre nous, je crois que l'odeur des cerises les avait tous un peu grisés.

... La nuit tombait, quand nous sortîmes, le grand-père et moi. La petite bleue nous suivait de loin pour le ramener; mais lui ne la voyait pas, il était tout fier de marcher à mon bras, comme un homme. Mamette, rayonnante, voyait cela du pas de sa porte, et elle avait en nous regardant de jolis hochements de tête qui semblaient dire : « Tout de même, mon pauvre homme!... il marche encore. »

BALLADES EN PROSE

En ouvrant ma porte ce matin, il y avait autour de mon moulin un grand tapis de gelée blanche. L'herbe luisait et craquait comme du verre; toute la colline grelottait... Pour un jour ma chère Provence s'était déguisée en pays du Nord; et c'est parmi les pins frangés de givre, les touffes de lavandes épanouies en bouquets de cristal, que j'ai écrit ces deux ballades d'une fantaisie un peu germanique, pendant que la gelée m'envoyait ses étincelles blanches, et que là-haut, dans le ciel clair, de grands triangles de cigognes venues du pays de Henri Heine descendaient vers la Camargue en criant : « Il fait froid... froid... »

I

LA MORT DU DAUPHIN

Le petit Dauphin est malade, le petit Dauphin va mourir... Dans toutes les églises du royaume, le Saint-Sacrement demeure exposé nuit et jour et de grands cierges brûlent pour la guérison de l'enfant royal. Les rues de la vieille résidence sont tristes et silencieuses, les cloches ne sonnent plus, les voitures vont au pas... Aux abords du palais, les bourgeois curieux regardent, à travers les grilles, des suisses à bedaines dorées qui causent dans les cours d'un air important.

Tout le château est en émoi... Des chambellans, des majordomes, montent et descendent en courant les escaliers de marbre... Les galeries sont pleines de pages et de courtisans en habits de soie qui vont d'un groupe à l'autre quêter des nouvelles à voix basse. Sur les larges perrons, les dames d'honneur éplorées se font de grandes révérences en essuyant leurs yeux avec de jolis mouchoirs brodés.

Dans l'Orangerie, il y a nombreuse assemblée de médecins en robe. On les voit, à travers les vitres, agiter leurs longues manches noires et incliner doctoralement leurs perruques à marteaux... Le gouverneur et l'écuyer du petit Dauphin se promènent devant la porte, attendant les décisions de la Faculté. Des marmitons passent à côté d'eux sans les saluer. M. l'écuyer jure comme un païen, M. le gouverneur récite des vers d'Horace... Et pendant ce temps-là, là-bas, du côté des écuries, on entend un long hennissement plaintif. C'est l'alezan du petit Dauphin que les palefreniers oublient et qui appelle tristement devant sa mangeoire vide.

Et le roi ! Où est monseigneur le roi ?... Le roi s'est enfermé tout seul dans une chambre, au bout du château... Les Majestés n'aiment pas qu'on les voit pleurer... Pour la reine, c'est autre chose... Assise au chevet du petit Dauphin, elle a son beau visage baigné de larmes, et sanglote bien haut devant tous, comme ferait une drapière.

Dans sa couchette de dentelles, le petit Dauphin, plus blanc que les coussins sur lesquels il est étendu, repose, les yeux fermés. On croit qu'il dort ; mais non. Le petit Dauphin ne dort pas... Il se retourne vers sa mère, et voyant qu'elle pleure, il lui dit :

« Madame la Reine, pourquoi pleurez-vous ? Est-ce que vous croyez bonnement que je m'en vas mourir ? »

La reine veut répondre. Les sanglots l'empêchent de parler.

« Ne pleurez donc pas, madame la reine ; vous

oubliez que je suis le Dauphin, et que les Dauphins ne peuvent pas mourir ainsi... »

La reine sanglote encore plus fort, et le petit Dauphin commence à s'effrayer.

« Holà, dit-il, je ne veux pas que la mort vienne me prendre, et je saurai bien l'empêcher d'arriver jusqu'ici... Qu'on fasse venir sur l'heure quarante lansquenets très forts pour monter la garde autour de notre lit !... Que cent gros canons veillent nuit et jour, mèche allumée, sous nos fenêtres ! Et malheur à la mort, si elle ose s'approcher de nous !... »

Pour complaire à l'enfant royal, la reine fait un signe. Sur l'heure, on entend les gros canons qui roulent dans la cour; et quarante grands lansquenets, la pertuisane au poing, viennent se ranger autour de la

chambre. Ce sont de vieux soudards à moustaches grises. Le petit Dauphin bat des mains en les voyant. Il en reconnaît un et l'appelle :

« Lorrain! Lorrain! »

Le soudard fait un pas vers le lit :

« Je t'aime bien, mon vieux Lorrain... Fais voir un peu ton grand sabre... Si la mort veut me prendre, il faut la tuer, n'est-ce pas? »

Lorrain répond :

« Oui, monseigneur. »

Et il a deux grosses larmes qui coulent sur ses joues tannées.

A ce moment, l'aumônier s'approche du petit Dauphin et lui parle longtemps à voix basse en lui montrant un crucifix. Le petit Dauphin l'écoute d'un air fort étonné, puis tout à coup l'interrompant :

« Je comprends bien ce que vous me dites, monsieur l'abbé : mais enfin est-ce que mon petit ami Beppo ne pourrait pas mourir à ma place, en lui donnant beaucoup d'argent?... »

L'aumônier continue à lui parler à voix basse, et le petit Dauphin a l'air de plus en plus étonné.

Quand l'aumônier a fini, le petit Dauphin reprend avec un gros soupir :

« Tout ce que vous me dites là est bien triste, monsieur l'abbé; mais une chose me console, c'est que là-haut, dans le paradis des étoiles, je vais être encore le Dauphin... Je sais que le bon Dieu est mon cousin et ne peut pas manquer de me traiter selon mon rang. »

Puis il ajoute, en se tournant vers sa mère :

« Qu'on m'apporte mes plus beaux habits, mon pourpoint d'hermine blanche et mes escarpins de velours! Je veux me faire brave pour les anges et entrer au paradis en costume de Dauphin. »

Une troisième fois, l'aumônier se penche vers le petit Dauphin et lui parle longuement à voix basse... Au milieu de son discours, l'enfant royal l'interrompt avec colère :

« Mais alors, crie-t-il, d'être Dauphin, ce n'est rien du tout! »

Et, sans vouloir plus rien entendre, le petit Dauphin se tourne vers la muraille, et il pleure amèrement.

II

LE SOUS-PRÉFET AUX CHAMPS

M. le sous-préfet est en tournée. Cocher devant, laquais derrière, la calèche de la sous-préfecture l'emporte majestueusement au concours régional de la Combe-aux-Fées. Pour cette journée mémorable, M. le sous-préfet a mis son bel habit brodé, son petit claque, sa culotte collante à bandes d'argent et son épée de gala à poignée de nacre... Sur ses genoux repose une grande serviette en chagrin gaufré qu'il regarde tristement.

M. le sous-préfet regarde tristement sa serviette en chagrin gaufré : il songe au fameux discours qu'il va falloir prononcer tout à l'heure devant les habitants de la Combe-aux-Fées :

« Messieurs et chers administrés... »

Mais il a beau tortiller la soie blonde de ses favoris et répéter vingt fois de suite :

« Messieurs et chers administrés... » la suite du discours ne vient pas.

La suite du discours ne vient pas... Il fait si chaud dans cette calèche! A perte de vue, la route de la Combe-aux-Fées poudroie sous le soleil du Midi... L'air est embrasé... et sur les ormeaux du bord du chemin, tout couverts de poussière blanche, des milliers de cigales se répondent d'un arbre à l'autre... Tout à coup, M. le sous-préfet tressaille. Là-bas, au pied d'un coteau, il vient d'apercevoir un petit bois de chênes verts qui semble lui faire signe :

Le petit bois de chênes verts semble lui faire signe :

« Venez donc par ici, monsieur le sous-préfet;

pour composer votre discours, vous serez beaucoup mieux sous mes arbres... »

M. le sous-préfet est séduit; il saute à bas de sa calèche et dit à ses gens de l'attendre, qu'il va composer son discours dans le petit bois de chênes verts.

Dans le petit bois de chênes verts il y a des oiseaux, des violettes, et des sources sous l'herbe fine... Quand ils ont aperçu M. le sous-préfet avec sa belle culotte et sa serviette en chagrin gaufré, les oiseaux ont eu peur et se sont arrêtés de chanter, les sources n'ont plus osé faire de bruit, et les violettes se sont cachées dans le gazon... Tout ce petit monde-là n'a jamais vu de sous-préfet, et se demande à voix basse quel est ce beau seigneur qui se promène en culotte d'argent.

A voix basse, sous la feuillée, on se demande quel est ce beau seigneur en culotte d'argent... Pendant ce temps-là, M. le sous-préfet, ravi du silence et de la fraîcheur du bois, relève les pans de son habit, pose son claque sur l'herbe et s'assied dans la mousse au pied d'un jeune chêne; puis il ouvre sur ses genoux sa grande serviette de chagrin gaufré et en tire une large feuille de papier ministre.

« C'est un artiste! dit la fauvette.

— Non, dit le bouvreuil, ce n'est pas un artiste, puisqu'il a une culotte en argent; c'est plutôt un prince.

— C'est plutôt un prince, dit le bouvreuil.

— Ni un artiste, ni un prince, interrompt un vieux rossignol, qui a chanté toute une saison dans les jardins de la sous-préfecture... Je sais ce que c'est : c'est un sous-préfet! »

Et tout le petit bois va chuchotant :

« C'est un sous-préfet! c'est un sous-préfet!

— Comme il est chauve! » remarque une alouette à grande huppe.

Les violettes demandent :

« Est-ce que c'est méchant?

— Est-ce que c'est méchant? » demandent les violettes.

Le vieux rossignol répond :

« Pas du tout! »

Et sur cette assurance, les oiseaux se remettent à chanter, les sources à courir, les violettes à embaumer, comme si le monsieur n'était pas là... Impassible au milieu de tout ce joli tapage, M. le sous-préfet invoque dans son cœur la Muse des comices agricoles, et, le crayon levé, commence à déclamer de sa voix de cérémonie :

« Messieurs et chers administrés...

— Messieurs et chers administrés », dit le sous-préfet de sa voix de cérémonie...

Un éclat de rire l'interrompt; il se retourne et ne voit rien qu'un gros pivert qui le regarde en riant, perché sur son claque. Le sous-préfet hausse les épaules et veut continuer son discours; mais le pivert l'interrompt encore et lui crie de loin :

« A quoi bon?

— Comment! à quoi bon? » dit le sous-préfet, qui devient tout rouge; et, chassant d'un geste cette bête effrontée, il reprend de plus belle :

« Messieurs et chers administrés...

— Messieurs et chers administrés... » a repris le sous-préfet de plus belle.

Mais alors, voilà les petites violettes qui se haussent vers lui sur le bout de leurs tiges et qui lui disent doucement :

« Monsieur le sous-préfet, sentez-vous comme nous sentons bon? »

Et les sources lui font sous la mousse une musique divine; et dans les branches, au-dessus de sa tête, des tas de fauvettes viennent lui chanter leurs plus jolis airs : et tout le petit bois conspire pour l'empêcher de composer son discours.

Tout le petit bois conspire pour l'empêcher de composer son discours... M. le sous-préfet, grisé de parfums, ivre de musique, essaie vainement de résister au nouveau charme qui l'envahit. Il s'accoude sur l'herbe, dégrafe son bel habit, balbutie encore deux ou trois fois :

« Messieurs et chers administrés... Messieurs et chers admi... Messieurs et chers... »

Puis il envoie les administrés au diable; et la Muse des comices agricoles n'a plus qu'à se voiler la face.

Voile-toi la face, ô Muse des comices agricoles!... Lorsque, au bout d'une heure, les gens de la sous-préfecture, inquiets de leur maître, sont entrés dans le petit bois, ils ont vu un spectacle qui les a fait reculer d'horreur... M. le sous-préfet était couché sur le ventre, dans l'herbe, débraillé comme un bohème. Il avait mis son habit bas... et, tout en mâchonnant des violettes, M. le sous-préfet faisait des vers.

LE PORTEFEUILLE DE BIXIOU

Un matin du mois d'octobre, quelques jours avant de quitter Paris, je vis arriver chez moi — pendant que je déjeunais — un vieil homme en habit râpé, cagneux, crotté, l'échine basse, grelottant sur ses longues jambes comme un échassier déplumé. C'était Bixiou. Oui, Parisiens, votre Bixiou, le féroce et charmant Bixiou, ce railleur enragé qui vous a tant réjouis depuis quinze ans avec ses pamphlets et ses caricatures... Ah ! le malheureux, quelle détresse ! Sans une grimace qu'il fit en entrant, jamais je ne l'aurais reconnu.

La tête inclinée sur l'épaule, sa canne aux dents comme une clarinette, l'illustre et lugubre farceur s'avança jusqu'au milieu de la chambre et vint se jeter contre ma table en disant d'une voix dolente :

« Ayez pitié d'un pauvre aveugle !... »

C'était si bien imité que je ne puis m'empêcher de rire. Mais lui, très froidement :

« Vous croyez que je plaisante... regardez mes yeux. »

Et il tourna vers moi deux grandes prunelles blanches sans un regard.

« Je suis aveugle, mon cher, aveugle pour la vie... Voilà ce que c'est que d'écrire avec du vitriol. Je me suis brûlé les yeux à ce joli métier ; mais là, brûlé à fond... jusqu'aux bobèches ! » ajouta-t-il en me montrant ses paupières calcinées où ne restait plus l'ombre d'un cil.

J'étais si ému que je ne trouvai rien à lui dire. Mon silence l'inquiéta :

« Vous travaillez ?

— Non, Bixiou, je déjeune. Voulez-vous en faire autant ? »

Il ne répondit pas, mais au frémissement de ses narines, je vis bien qu'il mourait d'envie d'accepter. Je le pris par la main, et je le fis asseoir près de moi.

Pendant qu'on le servait, le pauvre diable flairait la table avec un petit rire :

« Ça a l'air bon tout ça. Je vais me régaler ; il y a si longtemps que je ne déjeune plus ! Un pain d'un sou tous les matins, en courant les ministères... car, vous savez, je cours les ministères, maintenant ; c'est ma seule profession. J'essaie d'accrocher un bureau de tabac... Qu'est-ce que vous voulez ! il faut qu'on mange à la maison. Je ne peux plus dessiner ; je ne peux plus écrire... Dicter ?... Mais quoi ?... Je n'ai rien dans la tête, moi ; je n'invente rien... Mon métier, c'était de voir les grimaces de Paris et de les faire ; à présent il n'y a plus moyen... Alors j'ai pensé à un bureau de tabac ; pas sur les boulevards, bien entendu. Je n'ai pas droit à cette faveur,

n'étant ni mère de danseuse, ni veuve d'officier sperrior. Non ! simplement un petit bureau de province, quelque part, bien loin, dans un coin des Vosges. J'aurai une forte pipe en porcelaine ; je m'appellerai Hans ou Zébédé, comme dans Erckmann-Chatrian, et je me consolerai de ne plus écrire en faisant des cornets de tabac avec les œuvres de mes contemporains.

« Voilà tout ce que je demande. Pas grand-chose, n'est-ce pas ?... Eh bien, c'est le diable pour y arriver... Pourtant les protections ne devraient pas me manquer. J'étais très lancé autrefois. Je dînais chez le maréchal, chez le prince, chez les ministres ; tous ces gens-là voulaient m'avoir parce que je les amusais ou qu'ils avaient peur de moi. A présent, je ne fais plus peur à personne. O mes yeux ! mes pauvres yeux ! Et l'on ne m'invite nulle part. C'est si triste une tête d'aveugle à table. Passez-moi le pain, je vous prie... Ah ! les bandits ; ils me l'auront fait payer cher ce malheureux bureau de tabac. Depuis six mois, je me promène dans tous les ministères avec ma pétition. J'arrive le matin, à l'heure où l'on allume les poêles et où l'on fait faire un tour aux chevaux de Son Excellence sur le sable de la cour ; je ne m'en vais qu'à la nuit, quand on apporte les grosses lampes et que les cuisines commencent à sentir bon...

« Toute ma vie se passe sur les coffres à bois des antichambres. Aussi les huissiers me connaissent, allez ! A l'Intérieur, ils m'appellent : « Ce bon monsieur ! » Et moi, pour gagner leur protection, je fais des calembours, ou je dessine d'un trait sur un coin de leur buvard de grosses moustaches qui les font rire... Voilà où j'en suis arrivé après vingt ans de succès tapageurs, voilà la fin d'une vie d'artiste !... Et dire qu'ils sont en France quarante mille galopins à qui notre profession fait venir l'eau à la bouche ! Dire qu'il y a tous les jours, dans les départements, une locomotive qui chauffe pour nous apporter des panerées d'imbéciles affamés de littérature et de bruit imprimé !... Ah ! province romanesque, si la misère de Bixiou pouvait te servir de leçon ! »

Là-dessus il se fourra le nez dans son assiette et se mit à manger avidement, sans dire un mot. C'était pitié de le voir faire. A chaque minute, il perdait son pain, sa fourchette, tâtonnait pour trouver son verre. Pauvre homme ! il n'avait pas encore l'habitude.

*

Au bout d'un moment, il reprit :

« Savez-vous ce qu'il y a encore de plus horrible pour moi ? C'est de ne plus pouvoir lire mes journaux. Il faut être du métier pour comprendre cela... Quelquefois le soir, en rentrant, j'en achète un, rien que pour sentir cette odeur de papier humide et de nouvelles fraîches... C'est si bon ! et personne pour me les lire ! Ma femme pourrait bien, mais elle ne veut pas : elle prétend qu'on trouve dans les faits divers des choses qui ne sont pas convenables... Ah ! ces anciennes maîtresses, une fois mariées, il n'y a pas plus bégueules qu'elles. Depuis que j'en ai fait Mme Bixiou, celle-là s'est crue obligée de devenir bigote, mais à un point !... Est-ce qu'elle ne voulait pas me faire frictionner les yeux avec l'eau de la Salette ! Et puis, le pain bénit, les quêtes, la Sainte-Enfance, les petits Chinois, que sais-je encore ?... Nous sommes dans les bonnes œuvres jusqu'au cou... Ce serait cependant une bonne œuvre de me lire mes journaux. Eh bien, non, elle ne veut pas... Si ma fille était chez nous, elle me les lirait, elle ; mais depuis que je suis aveugle, je l'ai fait entrer à Notre-Dame-des-Arts, pour avoir une bouche de moins à nourrir...

« Encore une qui me donne de l'agrément, celle-là ! Il n'y a pas neuf ans qu'elle est au monde, elle a déjà eu toutes les maladies... Et triste ! et laide ! plus laide que moi, si c'est possible... un monstre ! Que voulez-vous ! je n'ai jamais su faire que des charges...

Ah ça, mais je suis bon, moi, de vous raconter mes histoires de famille. Qu'est-ce que cela peut vous faire à vous ?... Allons, donnez-moi encore un peu de cette eau-de-vie. Il faut que je me mette en train. En sortant d'ici je vais à l'Instruction publique, et les huissiers n'y sont pas faciles à dérider. C'est tous d'anciens professeurs. »

Je lui versai son eau-de-vie. Il commença à la déguster par petites fois, d'un air attendri... Tout à coup, je ne sais quelle fantaisie le piquant, il se leva, son verre à la main, promena un instant autour de lui sa tête de vipère aveugle, avec le sourire aimable du monsieur qui va parler, puis, d'une voix stridente, comme pour haranguer un banquet de deux cents couverts :

« Aux arts ! Aux lettres ! A la presse ! »

Et le voilà parti sur un toast de dix minutes, la plus folle et la plus merveilleuse improvisation qui soit jamais sortie de cette cervelle de pitre.

Figurez-vous une revue de fin d'année intitulée : *le Pavé des lettres en* 186* ; nos assemblées soi-disant littéraires, nos papotages, nos querelles, toutes les cocasseries d'un monde excentrique, fumier d'encre, enfer sans grandeur, où l'on s'égorge, où l'on s'étripe, où l'on se détrousse, où l'on parle intérêts et gros sous bien plus que chez les bourgeois, ce qui n'empêche pas qu'on y meure de faim plus qu'ailleurs ; toutes nos lâchetés, toutes nos misères ; le vieux baron T... de la Tombola s'en allant faire « gna... gna... gna... » aux Tuileries avec sa sébile et son habit barbeau ; puis nos morts de l'année, les enterrements à réclames, l'oraison funèbre de monsieur le délégué, toujours la même : « Cher et regretté ! pauvre cher ! » à un malheureux dont on refuse de payer la tombe ; et ceux qui se sont suicidés, et ceux qui sont devenus fous ; figurez-vous tout cela, raconté, détaillé, gesticulé par un grimacier de génie, vous aurez alors une idée de ce que fut l'improvisation de Bixiou.

*

Son toast fini, son verre bu, il me demanda l'heure et s'en alla, d'un air farouche, sans me dire adieu... J'ignore comment les huissiers de M. Duruy se trouvèrent de sa visite ce matin-là ; mais je sais bien que jamais de ma vie je ne me suis senti si triste, si mal en train qu'après le départ de ce terrible aveugle. Mon encrier m'écœurait, ma plume me faisait horreur. J'aurais voulu m'en aller loin, courir, voir des arbres, sentir quelque chose de bon... Quelle haine, grand Dieu ! que de fiel ! quel besoin de baver sur tout, de tout salir ! Ah ! le misérable...

Et j'arpentais ma chambre avec fureur, croyant toujours entendre le ricanement de dégoût qu'il avait eu en me parlant de sa fille.

Tout à coup, près de la chaise où l'aveugle s'était assis, je sentis quelque chose rouler sous mon pied. En me baissant, je reconnus son portefeuille, un gros portefeuille luisant, à coins cassés, qui ne le quitte jamais et qu'il appelle en riant sa poche à venin. Cette poche, dans notre monde, était aussi renommée que les fameux cartons de M. Girardin. On disait qu'il y avait des choses terribles là-dedans... L'occasion se présentait belle pour m'en assurer. Le vieux portefeuille, trop gonflé, s'était crevé en tombant, et tous les papiers avaient roulé sur le tapis ; il me fallut les ramasser l'un après l'autre...

Un paquet de lettres écrites sur du papier à fleurs, commençant toutes : *Mon cher papa*, et signées : *Céline Bixiou, des enfants de Marie*.

D'anciennes ordonnances pour des maladies d'enfants : croup, convulsions, scarlatine, rougeole... (la pauvre petite n'en avait pas échappé une !).

Enfin, une grande enveloppe cachetée d'où sortaient, comme d'un bonnet de fillette, deux ou trois crins jaunes tout frisés ; et sur l'enveloppe, en grosse écriture tremblée, une écriture d'aveugle :

Cheveux de Céline, coupés le 13 mai, le jour de son entrée là-bas.

Voilà ce qu'il y avait dans le portefeuille de Bixiou. Allons, Parisiens, vous êtes tous les mêmes. Le dégoût, l'ironie, un rire infernal, des blagues féroces, et puis pour finir : ... *Cheveux de Céline coupés le 13 mai.*

LA LÉGENDE DE L'HOMME A LA CERVELLE D'OR

A la dame qui demande des histoires gaies

En lisant votre lettre, madame, j'ai eu comme un remords. Je m'en suis voulu de la couleur un peu trop demi-deuil de mes historiettes, et je m'étais promis de vous offrir aujourd'hui quelque chose de joyeux, de follement joyeux.

Pourquoi serais-je triste, après tout? Je vis à mille lieues des brouillards parisiens, sur une colline lumineuse, dans le pays des tambourins et du vin muscat. Autour de chez moi tout n'est que soleil et musique; j'ai des orchestres de culs-blancs, des orphéons de mésanges; le matin, les courlis qui font : « Coureli! coureli! », à midi, les cigales; puis les pâtres qui jouent du fifre, et les belles filles brunes qu'on entend rire dans les vignes... En vérité, l'endroit est mal choisi pour broyer du noir; je devrais plutôt expédier aux dames des poèmes couleur de rose et des pleins paniers de contes galants.

Eh bien, non! je suis encore trop près de Paris. Tous les jours, jusque dans mes pins, il m'envoie les éclaboussures de ses tristesses... A l'heure même où j'écris ces lignes, je viens d'apprendre la mort misérable du pauvre Charles Barbara; et mon moulin en est tout en deuil. Adieu les courlis et les cigales! Je n'ai plus le cœur à rien de gai... Voilà pourquoi, madame, au lieu du joli conte badin que je m'étais promis de vous faire, vous n'aurez encore aujourd'hui qu'une légende mélancolique.

*

Il était une fois un homme qui avait une cervelle d'or; oui, madame, une cervelle toute en or. Lorsqu'il vint au monde, les médecins pensaient que cet enfant ne vivrait pas, tant sa tête était lourde et son crâne démesuré. Il vécut cependant et grandit au soleil comme un beau plant d'olivier; seulement sa grosse tête l'entraînait toujours, et c'était pitié de le voir se cogner à tous les meubles en marchant... Il tombait souvent. Un jour, il roula du haut d'un perron et vint donner du front contre un degré de marbre, où son crâne sonna comme un lingot. On le crut mort, mais en le relevant, on ne lui trouva qu'une légère blessure, avec deux ou trois gouttelettes d'or caillées dans ses cheveux blonds. C'est ainsi que les parents apprirent que l'enfant avait une cervelle en or.

La chose fut tenue secrète; le pauvre petit lui-même ne se douta de rien. De temps en temps, il demandait pourquoi on ne le laissait plus courir devant la porte avec les garçonnets de la rue.

« On vous volerait, mon beau trésor! » lui répondait sa mère...

Alors le petit avait grand-peur d'être volé; il retournait jouer tout seul, sans rien dire, et se trimbalait lourdement d'une salle à l'autre...

A dix-huit ans seulement, ses parents lui révélèrent le don monstrueux qu'il tenait du destin; et, comme ils l'avaient élevé et nourri jusque-là, ils lui demandèrent en retour un peu de son or. L'enfant n'hésita pas; sur l'heure même — comment? par quels moyens? la légende ne l'a pas dit —, il s'arracha du crâne un morceau d'or massif, un morceau gros comme une noix, qu'il jeta fièrement sur les genoux de sa mère... Puis, tout ébloui des richesses qu'il portait dans la tête, fou de désirs, ivre de sa puissance, il quitta la maison paternelle et s'en alla par le monde en gaspillant son trésor.

*

Du train dont il menait sa vie, royalement, et semant l'or sans compter, on aurait dit que sa cervelle était inépuisable... Elle s'épuisait cependant, et à mesure on pouvait voir les yeux s'éteindre, la joue devenir plus creuse. Un jour enfin, au matin d'une débauche folle, le malheureux, resté seul parmi les débris du festin et les lustres qui pâlissaient, s'épouvanta de l'énorme brèche qu'il avait déjà faite à son lingot : il était temps de s'arrêter.

Dès lors, ce fut une existence nouvelle. L'homme à la cervelle d'or s'en alla vivre à l'écart, du travail de ses mains, soupçonneux et craintif comme un avare, fuyant les tentations, tâchant d'oublier lui-même ces fatales richesses auxquelles il ne voulait plus toucher... Par malheur, un ami l'avait suivi dans sa solitude, et cet ami connaissait son secret.

Une nuit, le pauvre homme fut réveillé en sursaut par une douleur à la tête, une effroyable douleur; il se dressa éperdu, et vit, dans un rayon de lune, l'ami qui fuyait en cachant quelque chose sous son manteau...

Encore un peu de cervelle qu'on lui emportait!...

A quelque temps de là, l'homme à la cervelle d'or devint amoureux, et cette fois tout fut fini... Il aimait du meilleur de son âme une petite femme blonde, qui l'aimait bien aussi, mais qui préférait encore les pompons, les plumes blanches et les jolis glands mordorés battant le long des bottines.

Entre les mains de cette mignonne créature — moitié oiseau, moitié poupée —, les piécettes d'or fondaient que c'était un plaisir. Elle avait tous les caprices; et lui ne savait jamais dire non; même, de peur de la peiner, il lui cacha jusqu'au bout le triste secret de sa fortune.

« Nous sommes donc bien riches? » disait-elle.

Le pauvre homme lui répondait :

« Oh! oui... bien riches! »

Et il souriait avec amour au petit oiseau bleu qui lui mangeait le crâne innocemment. Quelquefois cependant la peur le prenait, il avait des envies d'être avare; mais alors la petite femme venait vers lui en sautillant, et lui disait :

« Mon mari, qui êtes si riche! achetez-moi quelque chose de bien cher... »

Et il lui achetait quelque chose de bien cher.

Cela dura ainsi pendant deux ans; puis, un matin, la petite femme mourut, sans qu'on sût pourquoi, comme un oiseau... Le trésor touchait à sa fin; avec ce qui lui restait, le veuf fit faire à sa chère morte un bel enterrement. Cloches à toute volée, lourds carrosses tendus de noir, chevaux empanachés, larmes d'argent dans le velours, rien ne lui parut trop beau. Que lui importait son or, maintenant?... Il en donna pour l'église, pour les porteurs, pour les revendeuses d'immortelles : il en donna partout.

Aussi, en sortant du cimetière, il ne lui restait presque plus rien de cette cervelle merveilleuse, à peine quelques parcelles aux parois du crâne.

Alors on le vit s'en aller dans les rues, l'air égaré, les mains en avant, trébuchant comme un homme ivre. Le soir, à l'heure où les bazars s'illuminent, il s'arrêta devant une large vitrine dans laquelle tout un fouillis d'étoffes et de parures reluisait aux lumières, et resta là longtemps à regarder deux bottines de satin bleu bordées de duvet de cygne. « Je sais quelqu'un à qui ces bottines feraient bien plaisir », se disait-il en souriant; et, ne se souvenant déjà plus que la petite femme était morte, il entra pour les acheter.

Du fond de son arrière-boutique, la marchande entendit un grand cri; elle accourut et recula de peur en voyant un homme debout, qui s'accotait au comptoir et la regardait douloureusement d'un air hébété. Il tenait d'une main les bottines bleues à bordure de cygne, et présentait l'autre main toute sanglante, avec des raclures d'or au bout des ongles.

Telle est, madame, la légende de l'homme à la cervelle d'or.

Malgré ses airs de conte fantastique, cette légende est vraie d'un bout à l'autre... Il y a par le monde de pauvres gens qui sont condamnés à vivre avec leur cerveau, et paient en bel or fin, avec leur moelle et leur substance, les moindres choses de la vie. C'est pour eux une douleur de chaque jour; et puis, quand ils sont las de souffrir...

LE POÈTE MISTRAL

Dimanche dernier, en me levant, j'ai cru me réveiller rue du Faubourg-Montmartre. Il pleuvait, le ciel était gris, le moulin triste. J'ai eu peur de passer chez moi cette froide journée de pluie, et tout de suite l'envie m'est venue d'aller me réchauffer un brin auprès de Frédéric Mistral, ce grand poète qui vit à trois lieues de mes pins, dans son petit village de Maillane.

Sitôt pensé, sitôt parti; une trique en bois de myrte, mon Montaigne, une couverture, et en route!

Personne aux champs... Notre belle Provence catholique laisse la terre se reposer le dimanche... Les chiens seuls au logis, les fermes closes... De loin en loin, une charrette de roulier avec sa bâche ruisselante, une vieille encapuchonnée dans sa mante feuille-morte, des mules en tenue de gala, housse de sparterie bleue et blanche, pompon rouge, grelots d'argent — emportant au petit trot toute une carriole de gens de *mas* qui vont à la messe; puis, là-bas, à travers la brume, une barque sur la *roubine* et un pêcheur debout qui lance son épervier...

Pas moyen de lire en route ce jour-là. La pluie tombait par torrents, et la tramontane vous la jetait à pleins seaux dans la figure... Je fis le chemin tout d'une haleine, et enfin, après trois heures de marche, j'aperçus devant moi les petits bois de cyprès au milieu desquels le pays de Maillane s'abrite de peur du vent.

Pas un chat dans les rues du village; tout le monde était à la grand-messe. Quand je passai devant l'église, le serpent ronflait, et je vis les cierges reluire à travers les vitres de couleur.

Le logis du poète est à l'extrémité du pays; c'est la dernière maison à main gauche, sur la route de Saint-Rémy —, une maisonnette à un étage avec un jardin devant... J'entre doucement... Personne! La porte du salon est fermée, mais j'entends derrière quelqu'un qui marche et qui parle à haute voix... Ce pas et cette voix me sont bien connus... Je m'arrête un moment dans le petit couloir peint à la chaux, la main sur le bouton de la porte, très ému. Le cœur me bat. — Il est là. Il travaille... Faut-il attendre que la strophe soit finie?... Ma foi! tant pis, entrons.

*

Ah! Parisiens, lorsque le poète de Maillane est venu chez vous montrer Paris à sa Mireille, et que vous l'avez vu dans vos salons, ce Chactas en habit de ville, avec un col droit et un grand chapeau qui le gênait autant que sa gloire, vous avez cru que c'était là Mistral... Non, ce n'était pas lui. Il n'y a qu'un Mistral au monde, celui que j'ai surpris dimanche dernier dans son village, le chaperon de feutre sur l'oreille, sans gilet, en jaquette, sa rouge taillole catalane autour des reins, l'œil allumé, le feu de l'inspiration aux pommettes, superbe, avec un bon sourire, élégant comme un pâtre grec, et marchant à grands pas, les mains dans ses poches, en faisant des vers...

« Comment! c'est toi! cria Mistral en me sautant au cou; la bonne idée que tu as eue de venir!... Tout juste aujourd'hui, c'est la fête de Maillane. Nous avons la musique d'Avignon, les taureaux, la procession, la farandole, ce sera magnifique... La mère va rentrer de la messe; nous déjeunons, et puis, zou! nous allons voir danser les jolies filles... »

Pendant qu'il me parlait, je regardais avec émotion ce petit salon à tapisserie claire, que je n'avais pas vu depuis si longtemps, et où j'ai passé déjà de si belles heures. Rien n'était changé. Toujours le canapé à carreaux jaunes, les deux fauteuils de paille, la Vénus sans bras et la Vénus d'Arles sur la cheminée, le portrait du poète par Hébert, sa photographie par Étienne Carjat, et, dans un coin, près de la fenêtre, le bureau —, un pauvre petit bureau de receveur d'enregistrement —, tout chargé de vieux bouquins et de dictionnaires. Au milieu de ce bureau, j'aperçus un gros cahier ouvert... C'était *Calendal*, le nouveau poème de Frédéric Mistral, qui doit paraître à la fin de cette année, le jour de Noël. Ce poème, Mistral y travaille depuis sept ans, et voilà près de six mois qu'il en a écrit le dernier vers; pourtant, il n'ose s'en séparer encore. Vous comprenez, on a toujours une strophe à polir, une rime plus sonore à trouver... Mistral a beau écrire en provençal, il travaille ses vers comme si tout le monde devait les lire dans la langue et lui tenir compte de ses efforts de bon ouvrier... Oh! le brave poète, et que c'est bien Mistral dont Montaigne aurait pu dire : *Souvienne-vous de celuy à qui, comme on demandoit à quoy faire il se peinoit si fort en un art qui ne pouvoit venir à la cognoissance de guère des gens. « J'en ay assez de peu, répondit-il. J'en ay assez d'un. J'en ay assez de pas un. »*

*

Je tenais le cahier de *Calendal* entre mes mains, et je feuilletais, plein d'émotion... Tout à coup une musique de fifres et de tambourins éclate dans la rue, devant la fenêtre, et voilà mon Mistral qui court à l'armoire, en tire des verres, des bouteilles, traîne la table au milieu du salon, et ouvre la porte aux musiciens en me disant :

« Ne ris pas... Ils viennent me donner l'aubade... je suis conseiller municipal. »

La petite pièce se remplit de monde. On pose les tambourins sur les chaises, la vieille bannière dans un coin; et le vin cuit circule. Puis quand on a vidé quelques bouteilles à la santé de M. Frédéric, qu'on a causé gravement de la fête, si la farandole sera aussi belle que l'an dernier, si les taureaux se comporteront bien, les musiciens se retirent et vont donner l'aubade chez les autres conseillers. A ce moment la mère de Mistral arrive.

En un tour de main la table est dressée : un beau linge blanc et deux couverts. Je connais les usages de la maison; je sais que lorsque Mistral a du monde, sa mère ne se met pas à table... La pauvre vieille femme ne connaît que son provençal et se sentirait mal à l'aise pour causer avec des Français... D'ailleurs, on a besoin d'elle à la cuisine.

Dieu! le joli repas que j'ai fait ce matin-là : — un morceau de chevreau rôti, du fromage de montagne, de la confiture de moût, des figues, des raisins muscats. Le tout arrosé de ce bon châteauneuf des papes qui a une si belle couleur rose dans les verres...

Au dessert, je vais chercher le cahier du poème, et je l'apporte sur la table devant Mistral.

« Nous avions dit que nous sortirions, fait le poète en souriant.

— Non!... non!... *Calendal! Calendal!* »

Mistral se résigne, et de sa voix musicale et douce, en battant la mesure de ses vers avec la main, il entame le premier chant : — *D'une fille folle d'amour* —, *à présent que j'ai dit la triste aventure* —, *je chanterai, si Dieu veut, un enfant de Cassis* —, *un pauvre petit pêcheur d'anchois...*

Au-dehors, les cloches sonnaient les vêpres, les pétards éclataient sur la place, les fifres passaient et repassaient dans les rues avec les tambourins. Les taureaux de Camargue, qu'on menait courir, mugissaient.

Moi, les coudes sur la nappe, des larmes dans les yeux, j'écoutais l'histoire du petit pêcheur provençal.

Calendal n'était qu'un pêcheur; l'amour en fait un héros... Pour gagner le cœur de sa mie — la belle Estérelle —, il entreprend des choses miraculeuses, et les douze travaux d'Hercule ne sont rien à côté des siens.

Une fois, s'étant mis en tête d'être riche, il a inventé de formidables engins de pêche, et ramène au port tout le poisson de la mer. Une autre fois, c'est un terrible bandit des gorges d'Ollioules, le comte Sévéran, qu'il va relancer jusque dans son aire, parmi ses coupe-jarrets et ses concubines... Quel rude gars que ce petit Calendal! Un jour, à la Sainte-Baume, il rencontre deux partis de compagnons venus là pour vider leur querelle à grands coups de compas sur la tombe de maître Jacques, un Provençal qui a fait la charpente du temple de Salomon, s'il vous plaît. Calendal se jette au milieu de la tuerie, et apaise les compagnons en leur parlant...

Des entreprises surhumaines!... Il y avait là-haut, dans les rochers de Lure, une forêt de cèdres inaccessibles, où jamais bûcheron n'osa monter. Calendal y va, lui. Il s'y installe tout seul pendant trente jours. Pendant trente jours, on entend le bruit de sa hache qui sonne en s'enfonçant dans les troncs. La forêt

crie; l'un après l'autre, les vieux arbres géants tombent et roulent au fond des abîmes, et quand Calendal redescend, il ne reste plus un cèdre sur la montagne...

Enfin, en récompense de tant d'exploits, le pêcheur d'anchois obtient l'amour d'Estérelle, et il est nommé consul par les habitants de Cassis. Voilà l'histoire de Calendal... Mais qu'importe Calendal? Ce qu'il y a avant tout dans le poème, c'est la Provence — la Provence de la mer, la Provence de la montagne —, avec son histoire, ses mœurs, ses légendes, ses paysages, tout un peuple naïf et libre qui a trouvé son grand poète avant de mourir... Et maintenant, tracez des chemins de fer, plantez des poteaux à télégraphe, chassez la langue provençale des écoles! La Provence vivra éternellement dans *Mireille* et dans *Calendal*.

*

« Assez de poésie! dit Mistral en fermant son cahier. Il faut aller voir la fête. »

Nous sortîmes; tout le village était dans les rues; un grand coup de bise avait balayé le ciel, et le ciel reluisait joyeusement sur les toits rouges mouillés de pluie. Nous arrivâmes à temps pour voir rentrer la procession... Ce fut pendant une heure un interminable défilé de pénitents en cagoule, pénitents blancs, pénitents bleus, pénitents gris, confréries de filles voilées, bannières roses à fleurs d'or, grands saints de bois décorés portés à quatre épaules, saintes de faïence coloriées comme des idoles avec de gros bouquets à la main, chapes, ostensoirs, dais de velours vert, crucifix encadrés de soie blanche, tout cela ondulant au vent dans la lumière des cierges et du soleil, au milieu des psaumes, des litanies, et des cloches qui sonnaient à toute volée.

La procession finie, les saints remisés dans leurs chapelles, nous allâmes voir les taureaux, puis les jeux sur l'aire, les luttes d'hommes, les trois sauts, l'étrangle-chat, le jeu de l'outre, et tout le joli train des fêtes de Provence... La nuit tombait quand nous rentrâmes à Maillane. Sur la place, devant le petit café où Mistral va faire, le soir, sa partie avec son ami Zidore, on avait allumé un grand feu de joie... La farandole s'organisait. Des lanternes de papier découpé s'allumaient partout dans l'ombre ; la jeunesse prenait place ; et bientôt, sur un appel de tambourins, commença autour de la flamme une ronde folle, bruyante, qui devait durer toute la nuit.

*

Après souper, trop las pour courir encore, nous montâmes dans la chambre de Mistral. C'est une modeste chambre de paysan, avec deux grands lits. Les murs n'ont pas de papier ; les solives du plafond se voient... Il y a quatre ans, lorsque l'Académie donna à l'auteur de *Mireille* le prix de trois mille francs, Mme Mistral eut une idée.

« Si nous faisions tapisser et plafonner ta chambre ? dit-elle à son fils.

— Non ! non ! répondit Mistral... Ça, c'est l'argent des poètes, on n'y touche pas. »

Et la chambre est restée toute nue ; mais tant que l'argent des poètes a duré, ceux qui ont frappé chez Mistral ont toujours trouvé sa bourse ouverte...

J'avais emporté le cahier de *Calendal* dans la chambre et je voulus m'en faire lire encore un passage avant de m'endormir. Mistral choisit l'épisode des faïences. Le voici en quelques mots :

C'est dans un grand repas je ne sais où. On apporte sur la table un magnifique service en faïence de Moustiers. Au fond de chaque assiette, dessiné en bleu dans l'émail, il y a un sujet provencal ; toute l'histoire du pays tient là-dedans. Aussi il faut voir avec quel amour sont décrites ces belles faïences ; une strophe pour chaque assiette, autant de petits poèmes d'un travail naïf et savant, achevés comme un tableautin de Théocrite.

Tandis que Mistral me disait ses vers dans cette belle langue provençale, plus qu'aux trois quarts latine, que les reines ont parlée autrefois et que maintenant nos pâtres seuls comprennent, j'admirais cet homme au-dedans de moi, et, songeant à l'état de ruine où il a trouvé sa langue maternelle et ce qu'il en a fait, je me figurais un de ces vieux palais des princes des Baux comme on en voit dans les Alpilles : plus de toits, plus de balustres aux perrons, plus de vitraux aux fenêtres, le trèfle des ogives cassé, le blason des portes mangé de mousse, des poules picorant dans la cour d'honneur, des porcs vautrés sous les fines colonnettes des galeries, l'âne broutant dans la chapelle où l'herbe pousse, des pigeons venant boire aux grands bénitiers remplis d'eau de pluie, et enfin, parmi ces décombres, deux ou trois familles de paysans qui se sont bâti des huttes dans les flancs du vieux palais.

Puis, voilà qu'un beau jour le fils d'un de ces paysans s'éprend de ces grandes ruines et s'indigne de les voir ainsi profanées ; vite, vite, il chasse le bétail hors de la cour d'honneur ; et, les fées lui venant en aide, à lui tout seul il reconstruit le grand escalier, remet des boiseries aux murs, des vitraux aux fenêtres, relève les tours, redore la salle du trône, et met sur pied le vaste palais d'autre temps, où logèrent des papes et des impératrices.

Ce palais restauré, c'est la langue provençale.

Ce fils de paysan, c'est Mistral.

LES TROIS MESSES BASSES

CONTE DE NOËL

I

« Deux dindes truffées, Garrigou ?...

— Oui, mon révérend, deux dindes magnifiques bourrées de truffes. J'en sais quelque chose, puisque c'est moi qui ai aidé à les remplir. On aurait dit que leur peau allait craquer en rôtissant, tellement elle était tendue...

— Jésus-Maria ! moi qui aime tant les truffes !... Donne-moi vite mon surplis, Garrigou... Et avec les dindes, qu'est-ce que tu as encore aperçu à la cuisine ?...

— Oh ! toutes sortes de bonnes choses... Depuis midi nous n'avons fait que plumer des faisans, des huppes, des gelinottes, des coqs de bruyère. La plume en volait partout... Puis de l'étang on a apporté des anguilles, des carpes dorées, des truites, des...

— Grosses comme ça, mon révérend... Énormes !...

— Oh ! Dieu ! il me semble que je les vois... As-tu mis le vin dans les burettes ?

— Oui, mon révérend, j'ai mis le vin dans les burettes... Mais dame ! il ne vaut pas celui que vous boirez tout à l'heure en sortant de la messe de minuit. Si vous voyiez cela dans la salle à manger du château, toutes ces carafes qui flambent pleines de vins de toutes les couleurs... Et la vaisselle d'argent, les surtouts ciselés, les fleurs, les candélabres !... Jamais il ne se sera vu un réveillon pareil. Monsieur le marquis a invité tous les seigneurs du voisinage. Vous serez au moins quarante à table, sans compter le bailli ni le tabellion... Ah ! vous êtes bien heureux d'en être, mon révérend !... Rien que d'avoir flairé ces belles dindes, l'odeur des truffes me suit partout... Meuh !...

— Allons, allons, mon enfant. Gardons-nous du péché de gourmandise, surtout la nuit de la Nativité... Va bien vite allumer les cierges et sonner le premier coup de la messe ; car voilà que minuit est proche, et il ne faut pas nous mettre en retard... »

Cette conversation se tenait une nuit de Noël de l'an de grâce mil six cent et tant, entre le révérend dom Balaguère, ancien prieur des Barnabites, présentement chapelain gagé des sires de Trinquelage, et son petit clerc Garrigou, ou du moins ce qu'il croyait être le petit clerc Garrigou, car vous saurez que le diable, ce soir-là, avait pris la face ronde et les traits indécis du jeune sacristain pour mieux induire le révérend père en tentation et lui faire commettre un épouvantable péché de gourmandise. Donc, pendant que le soi-disant Garrigou (hum ! hum !) faisait à tour de bras carillonner les cloches de la chapelle seigneuriale, le révérend achevait de revêtir sa chasuble dans la petite sacristie du château ; et, l'esprit déjà troublé par toutes ces descriptions gastronomiques, il se répétait à lui-même en s'habillant :

« Des dindes rôties... des carpes dorées... des truites grosses comme ça !... »

Dehors, le vent de la nuit soufflait en éparpillant la musique des cloches, et, à mesure, des lumières apparaissaient dans l'ombre aux flancs du mont Ventoux, en haut duquel s'élevaient les vieilles tours de Trinquelage. C'étaient des familles de métayers qui venaient entendre la messe de minuit au château. Ils grimpaient la côte en chantant par groupes de cinq ou six, le père en avant, la lanterne en main, les femmes enveloppées dans leurs grandes mantes brunes où les enfants se serraient et s'abritaient. Malgré l'heure et le froid, tout ce brave peuple marchait allégrement, soutenu par l'idée qu'au sortir de la messe, il y aurait, comme tous les ans, table mise pour eux en bas dans les cuisines. De temps en temps, sur la rude montée, le carrosse d'un seigneur, précédé de porteurs de torches, faisait miroiter ses glaces au clair de lune, ou bien une mule trottait en agitant ses sonnailles, et à la lueur des falots enveloppés de brume, les métayers reconnaissaient leur bailli et le saluaient au passage :

« Bonsoir, bonsoir, maître Arnoton !

— Bonsoir, bonsoir, mes enfants ! »

La nuit était claire, les étoiles avivées de froid; la bise piquait, et un fin grésil, glissant sur les vêtements sans les mouiller, gardait fidèlement la tradition des Noëls blancs de neige. Tout en haut de la côte, le château apparaissait comme le but, avec sa masse énorme de tours, de pignons, le clocher de sa chapelle montant dans le ciel bleu-noir, et une foule de petites lumières qui clignotaient, allaient, venaient, s'agitaient à toutes les fenêtres, et ressemblaient, sur le fond sombre du bâtiment, aux étincelles courant dans des cendres de papier brûlé... Passé le pont-levis et la poterne, il fallait, pour se rendre à la chapelle, traverser la première cour, pleine de carrosses, de valets, de chaises à porteurs, toute claire du feu des torches et de la flambée des cuisines. On entendait le tintement des tournebroches, le fracas des casseroles, le choc des cristaux et de l'argenterie remués dans les apprêts d'un repas ; par là-dessus, une vapeur tiède, qui sentait bon les chairs rôties et les herbes fortes des sauces compliquées, faisait dire aux métayers, comme au chapelain, comme au bailli, comme à tout le monde :

« Quel bon réveillon nous allons faire après la messe ! »

II

Drelindin din!... Drelindin din!...

C'est la messe de minuit qui commence. Dans la chapelle du château, une cathédrale en miniature, aux arceaux entrecroisés, aux boiseries de chêne, montant jusqu'à hauteur des murs, les tapisseries ont été tendues, tous les cierges allumés. Et que de monde! Et que de toilettes! Voici d'abord, assis dans les stalles sculptées qui entourent le chœur, le sire de Trinquelage, en habit de taffetas saumon, et près de lui tous les nobles seigneurs invités. En face, sur des prie-Dieu garnis de velours, ont pris place la vieille marquise douairière dans sa robe de brocart couleur de feu et la jeune dame de Trinquelage, coiffée d'une haute tour de dentelle gaufrée à la dernière mode de la cour de France. Plus bas on voit, vêtus de noir avec de vastes perruques en pointe et des visages rasés, le bailli Thomas Arnoton et le tabellion maître Ambroy, deux notes graves parmi les soies voyantes et les damas brochés. Puis viennent les gras majordomes, les pages, les piqueurs, les intendants, dame Barbe, toutes ses clefs pendues sur le côté à un clavier d'argent fin. Au fond, sur les bancs, c'est le bas office, les servantes, les métayers avec leurs familles; et enfin, là-bas, tout contre la porte qu'ils entrouvrent et referment discrètement, messieurs les marmitons qui viennent entre deux sauces prendre un petit air de messe et apporter une odeur de réveillon dans l'église toute en fête et tiède de tant de cierges allumés.

Est-ce la vue de ces petites barrettes blanches

qui donne des distractions à l'officiant ? Ne serait-ce pas plutôt la sonnette de Garrigou, cette enragée petite sonnette qui s'agite au fond de l'autel avec une précipitation infernale et semble dire tout le temps :

« Dépêchons-nous, dépêchons-nous... Plus tôt nous aurons fini, plus tôt nous serons à table. »

Le fait est que chaque fois qu'elle tinte, cette sonnette du diable, le chapelain oublie sa messe et ne pense plus qu'au réveillon. Il se figure les cuisiniers en rumeur, les fourneaux où brûle un feu de forge, la buée qui monte des couvercles entrouverts, et dans cette buée deux dindes magnifiques bourrées, tendues, marbrées de truffes...

Ou bien encore il voit passer des files de pages portant des plats enveloppés de vapeurs tentantes, et avec eux il entre dans la grande salle déjà prête pour le festin. O délices ! voilà l'immense table toute chargée et flamboyante, les paons habillés de leurs plumes, les faisans écartant leurs ailes mordorées, les flacons couleur de rubis, les pyramides de fruits éclatants parmi les branches vertes, et ces merveilleux poissons dont parlait Garrigou (ah ! bien oui, Garri-

gou!) étalés sur un lit de fenouil, l'écaille nacrée comme s'ils sortaient de l'eau, avec un bouquet d'herbes odorantes dans leurs narines de monstres. Si vive est la vision de ces merveilles, qu'il semble à dom Balaguère que tous ces plats mirifiques sont servis devant lui sur les broderies de la nappe d'autel, et deux ou trois fois, au lieu de *Dominus vobiscum!* il se surprend à dire le *Benedicite*. A part ces légères méprises, le digne homme débite son office très consciencieusement, sans passer une ligne, sans omettre une génuflexion; et tout marche assez bien jusqu'à la fin de la première messe; car vous savez que le jour de Noël le même officiant doit célébrer trois messes consécutives.

« Et d'une! » se dit le chapelain avec un soupir de soulagement; puis, sans perdre une minute, il fait signe à son clerc ou celui qu'il croit être son clerc, et...

Drelindin din!... Drelindin din!...

C'est la seconde messe qui commence, et avec elle commence aussi le péché de dom Balaguère.

« Vite, vite, dépêchons-nous », lui crie de sa petite

voix aigrelette la sonnette de Garrigou, et cette fois le malheureux officiant, tout abandonné au démon de gourmandise, se rue sur le missel et dévore les pages avec l'avidité de son appétit en surexcitation. Frénétiquement il se baisse, se relève, esquisse les signes de croix, les génuflexions, raccourcit tous ses gestes pour avoir plus tôt fini. A peine s'il étend ses bras à l'Evangile, s'il frappe sa poitrine au *Confiteor*. Entre le clerc et lui c'est à qui bredouillera le plus vite. Versets et répons se précipitent, se bousculent. Les mots à moitié prononcés, sans ouvrir la bouche, ce qui prendrait trop de temps, s'achèvent en murmures incompréhensibles.

Oremus ps... ps... ps...

Mea culpa... pa... pa...

Pareils à des vendangeurs pressés foulant le raisin de la cuve, tous deux barbotent dans le latin de la messe, en envoyant des éclaboussures de tous les côtés.

Dom... scum!... dit Balaguère.

...Stutuo!... répond Garrigou; et tout le temps la damnée petite sonnette est là qui tinte à leurs oreilles, comme ces grelots qu'on met aux chevaux de poste pour les faire galoper à la grande vitesse. Pensez que de ce train-là une messe basse est vite expédiée.

« Et de deux! » dit le chapelain tout essoufflé; puis, sans prendre le temps de respirer, rouge, suant, il dégringole les marches de l'autel et...

Drelindin din!... Drelindin din!...

C'est la troisième messe qui commence. Il n'y a plus que quelques pas à faire pour arriver à la salle à manger; mais, hélas! à mesure que le réveillon approche, l'infortuné Balaguère se sent pris d'une folie d'impatience et de gourmandise. Sa vision s'accentue, les carpes dorées, les dindes rôties sont là, là... Il les touche... il les... Oh! Dieu!... Les plats fument, les vins embaument : et, secouant son grelot enragé, la petite sonnette lui crie :

« Vite, vite, encore plus vite!... »

Mais comment pourrait-il aller plus vite? Ses lèvres remuent à peine. Il ne prononce plus les mots... A moins de tricher tout à fait le bon Dieu et de lui escamoter sa messe... Et c'est ce qu'il fait, le malheureux!... De tentation en tentation, il commence par sauter un verset, puis deux. Puis l'épître est trop longue, il ne la finit pas, effleure l'Evangile, passe devant le *Credo* sans entrer, saute le *Pater*, salue de loin la préface, et par bonds et par élans se précipite ainsi dans la damnation éternelle, toujours suivi de l'infâme Garrigou (*vade retro, Satanas!*), qui le seconde avec une merveilleuse entente, lui relève sa chasuble, tourne les feuillets deux par deux, bouscule les pupitres, renverse les burettes, et sans cesse secoue la petite sonnette de plus en plus fort, de plus en plus vite.

Il faut voir la figure effarée que font tous les assistants! Obligés de suivre à la mimique du prêtre cette messe dont ils n'entendent pas un mot, les uns se lèvent quand les autres s'agenouillent, s'asseyent quand les autres sont debout; et toutes les phases de ce singulier office se confondent sur les bancs dans une foule d'attitudes diverses. L'étoile de Noël en route dans les chemins du ciel, là-bas, vers la petite étable, pâlit d'épouvante en voyant cette confusion...

« L'abbé va trop vite... On ne peut pas suivre », murmure la vieille douairière en agitant sa coiffe avec égarement.

Maître Arnoton, ses grandes lunettes d'acier sur le nez, cherche dans son paroissien où diantre on peut bien en être. Mais au fond, tous ces braves gens, qui eux aussi pensent à réveillonner, ne sont pas fâchés que la messe aille ce train de poste; et quand dom Balaguère, la figure rayonnante, se tourne vers l'assistance en criant de toutes ses forces : *Ite, missa est*, il n'y a qu'une voix dans la chapelle pour lui répondre un *Deo gratias* si joyeux, si entraînant, qu'on se croirait déjà à table au premier toast du réveillon.

III

Cinq minutes après, la foule des seigneurs s'asseyait dans la grande salle, le chapelain au milieu d'eux. Le château, illuminé de haut en bas, retentissait de chants, de cris, de rires, de rumeurs; et le vénérable dom Balaguère plantait sa fourchette dans une aile de gelinotte, noyant le remords de son péché sous des flots de vin du pape et de bons jus de viandes. Tant il but et mangea, le pauvre saint homme, qu'il mourut dans la nuit d'une terrible attaque, sans avoir eu seulement le temps de se repentir; puis, au matin, il arriva dans le ciel encore tout en rumeur des fêtes de la nuit, et je vous laisse à penser comme il y fut reçu.

« Retire-toi de mes yeux, mauvais chrétien! lui dit le souverain Juge, notre maître à tous. Ta faute est assez grande pour effacer toute une vie de vertu... Ah! tu m'as volé une messe de nuit... Eh bien, tu m'en paieras trois cents en place, et tu n'entreras en paradis que quand tu auras célébré dans ta propre chapelle ces trois cents messes de Noël en présence de tous ceux qui ont péché par ta faute et avec toi... »

... Et voilà la vraie légende de dom Balaguère comme on la raconte au pays des olives. Aujourd'hui, le château de Trinquelage n'existe plus, mais la chapelle se tient encore droite tout en haut du mont Ventoux, dans un bouquet de chênes verts. Le vent fait battre sa porte disjointe, l'herbe encombre le seuil; il y a des nids aux angles de l'autel et dans l'embrasure des hautes croisées dont les vitraux coloriés ont disparu depuis longtemps. Cependant il paraît que tous les ans, à Noël, une lumière surnaturelle erre parmi ces ruines, et qu'en allant aux messes et aux réveillons, les paysans aperçoivent ce spectre de chapelle, éclairé de cierges invisibles qui brûlent au grand air, même sous la neige et le vent. Vous en rirez si vous voulez, mais un vigneron de l'endroit, nommé Garrigue, sans doute un descendant de Garrigou, m'a affirmé qu'un soir de Noël, se trouvant un peu en ribote, il s'était perdu dans la montagne du côté de Trinquelage; et voici ce qu'il avait vu... Jusqu'à onze heures, rien. Tout était silencieux, éteint, inanimé. Soudain, vers minuit, un carillon sonna tout en haut du clocher, un vieux, vieux carillon qui avait l'air d'être à dix lieues. Bientôt, dans le chemin qui monte, Garrigue vit trembler des feux, s'agiter des ombres indécises. Sous le porche de la chapelle, on marchait, on chuchotait :

« Bonsoir, maître Arnoton!

— Bonsoir, bonsoir, mes enfants!... »

Quand tout le monde fut entré, mon vigneron, qui était très brave, s'approcha doucement et, regardant par la porte cassée, eut un singulier spectacle. Tous ces gens qu'il avait vu passer s'étaient rangés autour du chœur, dans la nef en ruine, comme si les anciens bancs existaient encore. De belles dames en brocart avec des coiffes de dentelle, des seigneurs chamarrés du haut en bas, des paysans en jaquettes fleuries ainsi qu'en avaient nos grands-pères, tous l'air vieux, fané, poussiéreux, fatigué. De temps en temps, des oiseaux de nuit, hôtes habituels de la chapelle, réveillés par toutes ces lumières, venaient rôder autour des cierges dont la flamme montait droite et vague comme si elle avait brûlé derrière une gaze; et ce qui amusait beaucoup Garrigue, c'était un certain personnage à grandes lunettes d'acier, qui secouait à chaque instant sa haute perruque noire sur laquelle un de ces oiseaux se tenait droit tout empêtré en battant silencieusement des ailes...

Dans le fond, un petit vieillard de taille enfantine, à geuoux au milieu du chœur, agitait désespérément une sonnette sans grelot et sans voix, pendant qu'un prêtre, habillé de vieil or, allait, venait devant l'autel, en récitant des oraisons dont on n'entendait pas un mot... Bien sûr c'était dom Balaguère, en train de dire sa troisième messe basse.

LES ORANGES

FANTAISIE

A Paris, les oranges ont l'air triste de fruits tombés ramassés sous l'arbre. A l'heure où elles vous arrivent, en plein hiver pluvieux et froid, leur écorce éclatante, leur parfum exagéré dans ces pays de saveurs tranquilles, leur donnent un aspect étrange, un peu bohémien. Par les soirées brumeuses, elles longent tristement les trottoirs, entassées dans leurs petites charrettes ambulantes, à la lueur sourde d'une lanterne en papier rouge. Un cri monotone et grêle les escorte, perdu dans le roulement des voitures, le fracas des omnibus :

« A deux sous la Valence! »

Pour les trois quarts des Parisiens, ce fruit cueilli au loin, banal dans sa rondeur, où l'arbre n'a rien laissé qu'une mince attache verte, tient de la sucrerie, de la confiserie. Le papier de soie qui l'entoure, les fêtes qu'il accompagne, contribuent à cette impression. Aux approches de janvier surtout, les milliers d'oranges disséminées par les rues, toutes ces écorces traînant dans la boue du ruisseau, font songer à quelque arbre de Noël gigantesque qui secouerait sur Paris ses branches chargées de fruits factices. Pas un coin où on ne les rencontre. A la vitrine claire des étalages, choisies et parées; à la porte des prisons et des hospices, parmi les paquets de biscuits, les tas de pommes; devant l'entrée des bals, des spectacles du dimanche. Et leur parfum exquis se mêle à l'odeur du gaz, au bruit des crincrins, à la poussière des banquettes du paradis. On en vient à oublier qu'il faut des orangers pour produire des oranges, car pendant que le fruit nous arrive directement du Midi à pleines caisses, l'arbre, taillé, transformé, déguisé, de la serre chaude où il passe l'hiver, ne fait qu'une courte apparition au plein air des jardins publics.

Pour bien connaître les oranges, il faut les avoir vues chez elles, aux îles Baléares, en Sardaigne, en Corse, en Algérie, dans l'air bleu doré, l'atmosphère tiède de la Méditerranée. Je me rappelle un petit bois d'orangers, aux portes de Blidah ; c'est là qu'elles étaient belles ! Dans le feuillage sombre, lustré, vernissé, les fruits avaient l'éclat de verres de couleur, et doraient l'air environnant avec cette auréole de splendeur qui entoure les fleurs éclatantes. Çà et là des éclaircies laissaient voir à travers les branches les remparts de la petite ville, le minaret d'une mosquée, le dôme d'un marabout, et au-dessus l'énorme masse de l'Atlas, verte à sa base, couronnée de neige comme d'une fourrure blanche, avec des moutonnements, un flou de flocons tombés.

Une nuit, pendant que j'étais là, je ne sais par quel phénomène ignoré depuis trente ans, cette zone de frimas et d'hiver se secoua sur la ville endormie, et Blidah se réveilla transformée, poudrée à blanc. Dans cet air algérien si léger, si pur, la neige semblait une poussière de nacre. Elle avait des reflets de plumes de paon blanc. Le plus beau, c'était le bois d'orangers. Les feuilles solides gardaient la neige intacte et droite comme des sorbets sur des plateaux de laque, et tous les fruits poudrés à frimas avaient une douceur splendide, un rayonnement discret comme de l'or voilé de claires étoffes blanches. Cela donnait vaguement l'impression d'une fête d'église, de soutanes rouges sous des robes de dentelles, de dorures d'autel enveloppées de guipures...

Mais mon meilleur souvenir d'oranges me vient encore de Barbicaglia, un grand jardin auprès d'Ajaccio où j'allais faire la sieste aux heures de chaleur. Ici les orangers, plus hauts, plus espacés qu'à Blidah, descendaient jusqu'à la route, dont le jardin n'était séparé que par une haie vive et un fossé. Tout de suite après, c'était la mer, l'immense mer bleue... Quelles bonnes heures j'ai passées dans ce jardin ! Au-dessus de ma tête, les orangers en fleur et en fruit brûlaient leurs parfums d'essences. De temps en temps, une orange mûre, détachée tout à coup, tombait près de moi comme alourdie de chaleur, avec un bruit mat, sans écho, sur la terre pleine. Je n'avais qu'à allonger la main. C'étaient des fruits superbes, d'un rouge pourpre à l'intérieur. Ils me paraissaient exquis, et puis l'horizon était si beau ! Entre les feuilles, la mer mettait des espaces bleus éblouissants comme des morceaux de verre brisé qui miroitaient dans la brume de l'air. Avec cela le mouvement du flot agitant l'atmosphère à de grandes distances, ce murmure cadencé qui vous berce comme dans une barque invisible, la chaleur, l'odeur des oranges... Ah ! qu'on était bien pour dormir dans le jardin de Barbicaglia !

Quelquefois cependant, au meilleur moment de la sieste, des éclats de tambour me réveillaient en sursaut. C'étaient de malheureux tapins qui venaient s'exercer en bas, sur la route. A travers les trous de la haie, j'apercevais le cuivre des tambours et les grands tabliers blancs sur les pantalons rouges. Pour s'abriter un peu de la lumière aveuglante que la poussière de la route leur renvoyait impitoyablement, les pauvres diables venaient se mettre au pied du jardin, dans l'ombre courte de la haie. Et ils tapaient ! et ils avaient chaud ! Alors, m'arrachant de force à mon hypnotisme, je m'amusais à leur jeter quelques-uns de ces beaux fruits d'or rouge qui pendaient près de ma main. Le tambour visé s'arrêtait. Il avait une minute d'hésitation, un regard circulaire pour voir d'où venait la superbe orange roulant devant lui dans le fossé ; puis il la ramassait bien vite et mordait à pleines dents sans même enlever l'écorce.

Je me souviens aussi que tout à côté de Barbicaglia, et séparé seulement par un petit mur bas, il y avait un jardinet assez bizarre que je dominais de la hauteur où je me trouvais. C'était un petit coin de terre bourgeoisement dessiné. Ses allées blondes de sable, bordées de buis très verts, les deux cyprès de sa porte d'entrée, lui donnaient l'aspect d'une bastide marseillaise. Pas une ligne d'ombre. Au fond, un bâtiment de pierre blanche avec des jours de caveau au ras du sol. J'avais d'abord cru à une maison de campagne ; mais, en y regardant mieux, la croix qui la surmontait, une inscription que je voyais de loin creusée dans la pierre, sans en distinguer le texte, me firent reconnaître un tombeau de famille corse. Tout autour d'Ajaccio, il y a beaucoup de ces petites chapelles mortuaires, dressées au milieu de jardins à elles seules. La famille y vient, le dimanche, rendre visite à ses morts. Ainsi comprise, la mort est moins lugubre que dans la confusion des cimetières. Des pas amis troublent seuls le silence.

De ma place, je voyais un bon vieux trottiner tranquillement par les allées. Tout le jour il taillait les arbres, bêchait, arrosait, enlevait les fleurs fanées avec un soin minutieux ; puis au soleil couchant, il entrait dans la petite chapelle où dormaient les morts de sa famille ; il resserrait la bêche, les râteaux, les grands arrosoirs ; tout cela avec la tranquillité, la sérénité d'un jardinier de cimetière. Pourtant, sans qu'il s'en rendît bien compte, ce brave homme travaillait avec un certain recueillement, tous les bruits amortis et la porte du caveau refermée chaque fois discrètement, comme s'il eût craint de réveiller quelqu'un. Dans le grand silence radieux, l'entretien de ce petit jardin ne troublait pas un oiseau, et son voisinage n'avait rien d'attristant. Seulement la mer en paraissait plus immense, le ciel plus haut, et cette sieste sans fin mettait tout autour d'elle, parmi la nature troublante, accablante à force de vie, le sentiment de l'éternel repos...

LES DEUX AUBERGES

C'était en revenant de Nîmes, un après-midi de juillet. Il faisait une chaleur accablante. A perte de vue, la route blanche, embrasée, poudroyait entre les jardins d'oliviers et de petits chênes, sous un grand soleil d'argent mat qui remplissait tout le ciel. Pas une tache d'ombre, pas un souffle de vent. Rien que la vibration de l'air chaud et le cri strident des cigales, musique folle, assourdissante, à temps pressés, qui semble la sonorité même de cette immense vibration lumineuse... Je marchais en plein désert depuis deux heures, quand tout à coup, devant moi, un groupe de maisons blanches se dégagea de la poussière de la route. C'était ce qu'on appelle le relais de Saint-Vincent : cinq ou six *mas*, de longues granges à toiture rouge, un abreuvoir sans eau dans un bouquet de figuiers maigres, et, tout au bout du pays, deux grandes auberges qui se regardent face à face de chaque côté du chemin.

Le voisinage de ces auberges avait quelque chose de saisissant. D'un côté, un grand bâtiment neuf, plein de vie, d'animation, toutes les portes ouvertes, la diligence arrêtée devant, les chevaux fumants qu'on dételait, les voyageurs descendus buvant à la hâte sur la route dans l'ombre courte des murs ; la cour encombrée de mulets, de charrettes; des rouliers couchés sous les hangars en attendant *la fraîche*. A l'intérieur des cris, des jurons, des coups de poing sur les tables, le choc des verres, le fracas des billards, les bouchons de limonade qui sautaient, et, dominant tout ce tumulte, une voix joyeuse, éclatante, qui chantait à faire trembler les vitres :

La belle Margoton
Tant matin s'est levée,
A pris son broc d'argent,
A l'eau s'en est allée...

...L'auberge d'en face, au contraire, était silencieuse et comme abandonnée. De l'herbe sous le portail, des volets cassés, sur la porte un rameau de petit houx tout rouillé qui pendait comme un vieux panache, les marches du seuil calées avec des pierres de la route... Tout cela si pauvre, si pitoyable, que c'était une charité vraiment de s'arrêter là pour boire un coup.

*

En entrant, je trouvai une longue salle déserte et morne, que le jour éblouissant de trois grandes fenêtres sans rideaux fait plus morne et plus déserte encore. Quelques tables boiteuses où traînaient des verres ternis par la poussière, un billard crevé qui tendait ses quatre blouses comme des sébiles, un divan jaune, un vieux comptoir, dormaient là dans une chaleur malsaine et lourde. Et des mouches ! des mouches ! jamais je n'en avais tant vu : sur le plafond, collées aux vitres, dans les verres, par grappes... Quand j'ouvris la porte, ce fut un bourdonnement, un frémissement d'ailes comme si j'entrais dans une ruche.

Au fond de la salle, dans l'embrasure d'une croisée, il y avait une femme debout contre la vitre, très occupée à regarder dehors. Je l'appelai deux fois :

« Hé ! l'hôtesse ! »

Elle se retourna lentement, et me laissa voir une pauvre figure de paysanne, ridée, crevassée, couleur de terre, encadrée dans de longues barbes de dentelle rousse comme en portent les vieilles de chez nous.

Pourtant ce n'était pas une vieille femme ; mais les larmes l'avaient toute fanée.

« Qu'est-ce que vous voulez ? me demanda-t-elle en essuyant ses yeux.

— M'asseoir un moment et boire quelque chose... »

Elle me regarda très étonnée, sans bouger de sa place, comme si elle ne comprenait pas.

« Ce n'est donc pas une auberge ici ? »

La femme soupira :

« Si... c'est une auberge, si vous voulez... Mais pourquoi n'allez-vous pas en face comme les autres ? C'est bien plus gai...

— C'est trop gai pour moi... J'aime mieux rester chez vous. »

Et, sans attendre sa réponse, je m'installai devant une table.

Quand elle fut bien sûre que je parlais sérieusement, l'hôtesse se mit à aller et venir d'un air très affairé, ouvrant des tiroirs, remuant des bouteilles, essuyant des verres, dérangeant les mouches... On sentait que ce voyageur à servir était tout un événement. Par moments la malheureuse s'arrêtait, et se prenait la tête comme si elle désespérait d'en venir à bout.

Puis elle passait dans la pièce du fond ; je l'entendais remuer de grosses clefs, tourmenter des serrures, fouiller dans la huche au pain, souffler, épousseter, laver des assiettes.

De temps en temps, un gros soupir, un sanglot mal étouffé...

Après un quart d'heure de ce manège, j'eus devant moi une assiettée de *passerilles* (raisins secs), un vieux pain de Beaucaire aussi dur que du grès, et une bouteille de piquette.

« Vous êtes servi », dit l'étrange créature ; et elle retourna bien vite prendre sa place devant la fenêtre.

Tout en buvant, j'essayai de la faire causer.

« Il ne vous vient pas souvent du monde, n'est-ce pas, ma pauvre femme ?

— Oh ! non, monsieur, jamais personne... Quand nous étions seuls dans le pays, c'était différent :

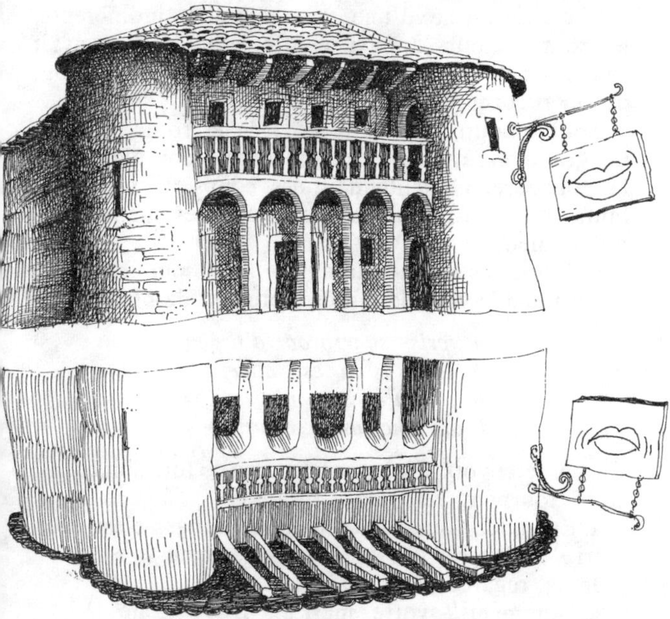

nous avions le relais, des repas de chasse pendant le temps des macreuses, des voitures toute l'année... Mais depuis que les voisins sont venus s'établir, nous avons tout perdu. Le monde aime mieux aller en face. Chez nous, on trouve que c'est trop triste... Le fait est que la maison n'est pas bien agréable. Je ne suis pas belle, j'ai les fièvres, mes deux petites sont mortes... Là-bas, au contraire, on rit tout le temps. C'est une Arlésienne qui tient l'auberge, une belle femme avec des dentelles et trois tours de chaîne d'or au cou. Le conducteur, qui est son amant, lui amène la diligence. Avec ça un tas d'enjôleuses pour chambrières... Aussi, il lui en vient de la pratique ! Elle a toute la jeunesse de Bezouces, de Redessan, de Jonquières. Les rouliers font un détour pour passer par chez elle... Moi, je reste ici tout le jour, sans personne, à me consumer. »

Elle disait cela d'une voix distraite, indifférente, le front toujours appuyé contre la vitre. Il y avait évidemment dans l'auberge d'en face quelque chose qui la préoccupait...

Tout à coup, de l'autre côté de la route, il se fit un grand mouvement. La diligence s'ébranlait dans la poussière. On entendait des coups de fouet, les fanfares du postillon, les filles accourues sur la porte qui criaient :

« Adiousias !... adiousias !... » et par là-dessus la formidable voix de tantôt reprenant de plus belle :

A pris son broc d'argent,
A l'eau s'en est allée,
De là n'a vu venir
Trois chevaliers d'armée...

... A cette voix, l'hôtesse frissonna de tout son corps, et se tournant vers moi :

« Entendez-vous, me dit-elle tout bas, c'est mon mari... N'est-ce pas qu'il chante bien ? »

Je la regardai, stupéfait :

« Comment ? votre mari !... Il va donc là-bas, lui aussi ? »

Alors elle, d'un air navré, mais avec une grande douceur :

« Qu'est-ce que vous voulez, monsieur ? Les hommes sont comme ça, ils n'aiment pas voir pleurer ; et moi je pleure toujours depuis la mort des petites... Puis, c'est si triste cette grande baraque où il n'y a jamais personne... Alors, quand il s'ennuie trop, mon pauvre José va boire en face, et comme il a une belle voix, l'Arlésienne le fait chanter. Chut !... le voilà qui recommence. »

Et, tremblante, les mains en avant, avec de grosses larmes qui la faisaient encore plus laide, elle était là comme en extase devant la fenêtre à écouter son José chanter pour l'Arlésienne :

Le premier lui a dit :
« Bonjour, belle mignonne ! »

A MILIANAH

NOTES DE VOYAGF

Cette fois, je vous emmène passer la journée dans une jolie petite ville d'Algérie, à deux ou trois cents lieues du moulin... Cela nous changera un peu des tambourins et des cigales...

... Il va pleuvoir, le ciel est gris, les crêtes du mont Zaccar s'enveloppent de brume. Dimanche triste... Dans ma petite chambre d'hôtel, la fenêtre ouverte sur les remparts arabes, j'essaie de me distraire en allumant des cigarettes... On a mis à ma disposition toute la bibliothèque de l'hôtel; entre une histoire très détaillée de l'enregistrement et quelques romans de Paul de Kock, je découvre un volume dépareillé de Montaigne... Ouvert le livre au hasard, relu l'admirable lettre sur la mort de La Boétie... Me voilà plus rêveur et plus sombre que jamais... Quelques gouttes de pluie tombent déjà. Chaque goutte, en tombant sur le rebord de la croisée, fait une large étoile dans la poussière entassée là depuis les pluies de l'an dernier... Mon livre me glisse des mains et je passe de longs instants à regarder cette étoile mélancolique...

Deux heures sonnent à l'horloge de la ville — un ancien *marabout* dont j'aperçois d'ici les grêles murailles blanches... Pauvre diable de marabout! Qui lui aurait dit cela, il y a trente ans, qu'un jour il porterait au milieu de la poitrine un gros cadran municipal, et que, tous les dimanches, sur le coup de deux heures, il donnerait aux églises de Milianah le signal de sonner les vêpres?... Ding! dong! voilà les cloches parties!... Nous en avons pour longtemps... Décidément, cette chambre est triste. Les grosses araignées du matin, qu'on appelle pensées philosophiques, ont tissé leurs toiles dans tous les coins... Allons dehors.

*

J'arrive sur la grande place. La musique du 3e de ligne, qu'un peu de pluie n'épouvante pas, vient de se ranger autour de son chef. A une des fenêtres de la division, le général paraît, entouré de ses demoiselles; sur la place, le sous-préfet se promène de long en large au bras du juge de paix. Une demi-douzaine de petits Arabes à moitié nus jouent aux billes dans un coin avec des cris féroces. Là-bas, un vieux juif en guenilles vient chercher un rayon de soleil qu'il avait laissé hier à cet endroit et qu'il s'étonne de ne plus trouver... « Une, deux, trois, partez! » La musique entonne une ancienne mazurka de Talexy, que les orgues de Barbarie jouaient l'hiver dernier sous mes fenêtres. Cette mazurka m'ennuyait autrefois; aujourd'hui elle m'émeut jusqu'aux larmes.

Oh! comme ils sont heureux les musiciens du 3e! L'œil fixé sur les doubles croches, ivres de rythme et de tapage, ils ne songent à rien qu'à compter leurs mesures. Leur âme, toute leur âme tient dans ce carré de papier large comme la main, — qui tremble au bout de l'instrument entre deux dents de cuivre. « Une, deux, trois, partez! » Tout est là pour ces braves gens; jamais les airs nationaux qu'ils jouent ne leur ont donné le mal du pays... Hélas! moi qui ne suis pas de la musique, cette musique me fait peine, et je m'éloigne...

Où pourrais-je bien le passer, ce gris après-midi de dimanche? Bon! la boutique de Sid'Omar est ouverte. Entrons chez Sid'Omar.

Quoiqu'il ait une boutique, Sid'Omar n'est point un boutiquier. C'est un prince de sang, le fils d'un ancien dey d'Alger qui mourut étranglé par les janissaires... A la mort de son père, Sid'Omar se réfugia dans Milianah avec sa mère qu'il adorait, et vécut là quelques années comme un grand seigneur philosophe parmi ses lévriers, ses faucons, ses chevaux et ses femmes, dans de jolis palais très frais, pleins d'orangers et de fontaines. Vinrent les Français. Sid'Omar, d'abord notre ennemi et l'allié d'Abd-el-Kader, finit par se brouiller avec l'émir et fit sa soumission. L'émir, pour se venger, entra dans Milianah en l'absence de Sid'Omar, pilla ses palais, rasa ses orangers, emmena ses chevaux et ses femmes, et fit écraser la gorge de sa mère sous le couvercle d'un grand coffre... La colère de Sid'Omar fut terrible : sur l'heure même il se mit au service de la France, et nous n'eûmes pas de meilleur ni de plus féroce soldat que lui tant que dura notre guerre contre l'émir. La guerre finie, Sid'Omar revint à Milianah; mais encore aujourd'hui, quand on parle d'Abd-el-Kader devant lui, il devient pâle et ses yeux s'allument.

Sid'Omar a soixante ans. En dépit de l'âge et de la petite vérole, son visage est resté beau : de grands cils, un regard de femme, un sourire charmant, l'air d'un prince. Ruiné par la guerre, il ne lui reste de son ancienne opulence qu'une ferme dans la plaine du Chélif et une maison à Milianah, où il vit bourgeoisement, avec ses trois fils élevés sous ses yeux. Les chefs indigènes l'ont en grande vénération. Quand une discussion s'élève, on le prend volontiers pour arbitre, et son jugement fait loi presque toujours. Il sort peu; on le trouve tous les après-midi dans une boutique attenant à sa maison et qui ouvre sur la rue. Le mobilier de cette pièce n'est pas riche : des murs blancs peints à la chaux, un banc de bois circulaire, des coussins, de longues pipes, deux braseros... C'est là que Sid'Omar donne audience et rend la justice. Un Salomon en boutique.

*

Aujourd'hui dimanche, l'assistance est nombreuse. Une douzaine de chefs sont accroupis, dans leurs beurnouss, tout autour de la salle. Chacun d'eux a près de lui une grande pipe, et une petite tasse de café dans un fin coquetier de filigrane. J'entre, personne ne bouge... De sa place, Sid'Omar envoie à ma rencontre son plus charmant sourire et m'invite de la main à m'asseoir près de lui, sur un grand coussin de soie jaune; puis, un doigt sur les lèvres, il me fait signe d'écouter.

Voici le cas : Le caïd des Beni-Zougzougs ayant eu quelque contestation avec un juif de Milianah au sujet d'un lopin de terre, les deux parties sont convenues de porter le différend devant Sid'Omar et de s'en remettre à son jugement. Rendez-vous est pris pour le jour même, les témoins sont convoqués; tout à coup voilà mon juif qui se ravise, et vient seul, sans témoins, déclarer qu'il aime mieux s'en rapporter au juge de paix des Français qu'à Sid'Omar... L'affaire en est là à mon arrivée.

Le juif — vieux, barbe terreuse, veste marron, bas bleus, casquette en velours — lève le nez au ciel, roule des yeux suppliants, baise les babouches de Sid'Omar, penche la tête, s'agenouille, joint les mains... Je ne comprends pas l'arabe, mais à la pantomime du juif, au mot : *Zouge de paix*, *zouge de paix*, qui revient à chaque instant, je devine tout ce beau discours :

« Nous ne doutons pas de Sid'Omar, Sid'Omar est sage, Sid'Omar est juste... Toutefois le *zouge de paix* fera bien mieux notre affaire. »

L'auditoire, indigné, demeure impassible comme un Arabe qu'il est... Allongé sur son coussin, l'œil noyé, le bouquin d'ambre aux lèvres, Sid'Omar — dieu de l'ironie — sourit en écoutant. Soudain, au milieu de sa plus belle période, le juif est interrompu par un énergique *caramba!* qui l'arrête net; en même temps un colon espagnol, venu là comme témoin du caïd, quitte sa place et, s'approchant d'Iscariote, lui verse sur la tête un plein panier d'imprécations de toutes langues, de toutes couleurs, — entre autres certain vocable français trop gros monsieur pour qu'on le répète ici... Le fils de Sid'Omar, qui comprend le français, rougit d'entendre un mot pareil en présence de son père et sort de la salle. — Retenir ce trait de l'éducation arabe. — L'auditoire est toujours impassible, Sid'Omar toujours souriant. Le juif s'est relevé et gagne la porte à reculons, tremblant de peur, mais gazouillant de plus belle son éternel *zouge de paix, zouge de paix*... Il sort. L'Espagnol, furieux, se précipite derrière lui, le rejoint dans la rue et par deux fois — vli! vlan! — le frappe en plein visage... Iscariote tombe à genoux, les bras en croix... L'Espagnol, un peu honteux, rentre dans la boutique... Dès qu'il est rentré, — le juif se relève et promène un regard sournois sur la foule bariolée qui l'entoure. Il y a là des gens de tout cuir — Maltais, Mahonais, Nègres, Arabes, — tous unis dans la haine du juif et joyeux d'en voir maltraiter un... Iscariote hésite un instant, puis, prenant un Arabe par le pan de son beurnouss :

« Tu l'as vu, Achmed, tu l'as vu... tu étais là... Le chrétien m'a frappé... Tu seras témoin... bien... bien... tu seras témoin. »

L'Arabe dégage son beurnouss et repousse le juif... Il ne sait rien, il n'a rien vu : juste au moment, il tournait la tête...

« Mais toi, Kaddour, tu l'as vu... tu as vu le chrétien me battre... », crie le malheureux Iscariote à un gros Nègre en train d'éplucher une figue de Barbarie.

Le Nègre crache en signe de mépris et s'éloigne; il n'a rien vu... Il n'a rien vu non plus, ce petit Maltais dont les yeux de charbon luisent méchamment derrière sa barrette; elle n'a rien vu, cette Mahonaise au teint de brique qui se sauve en riant, son panier de grenades sur la tête...

Le juif a beau crier, prier, se démener... pas de témoin! personne n'a rien vu... Par bonheur deux de ses coreligionnaires passent dans la rue à ce moment, l'oreille basse, rasant les murailles. Le juif les avise :

« Vite, vite, mes frères! Vite à l'homme d'affaires!

Vite au *zouge de paix!...* Vous l'avez vu, vous autres... vous avez vu qu'on a battu le vieux! »

S'ils l'ont vu!... Je crois bien.

... Grand émoi dans la boutique de Sid'Omar... Le cafetier remplit les tasses, rallume les pipes. On cause, on rit à belles dents. C'est si amusant de voir rosser un juif!... Au milieu du brouhaha et de la fumée, je gagne la porte doucement; j'ai envie d'aller rôder un peu du côté d'Israël pour savoir comment les coreligionnaires d'Iscariote ont pris l'affront fait à leur frère...

« Viens dîner ce soir, *moussiou* », me crie le bon Sid'Omar...

J'accepte, je remercie. Me voilà dehors.

Au quartier juif, tout le monde est sur pied. L'affaire fait déjà grand bruit. Personne aux échoppes. Brodeurs, tailleurs, bourreliers — tout Israël est dans la rue... Les hommes — en casquette de velours, en bas de laine bleue — gesticulent bruyamment, par groupes... Les femmes, pâles, bouffies, raides comme des idoles de bois dans leurs robes plates à plastron d'or, le visage entouré de bandelettes noires, vont d'un groupe à l'autre en miaulant... Au moment où j'arrive, un grand mouvement se fait dans la foule. On s'empresse, on se précipite... Appuyé sur ses témoins, le juif — héros de l'aventure — passe entre deux haies de casquettes, sous une pluie d'exhortations :

« Venge-toi, frère; venge-nous, venge le peuple juif. Ne crains rien; tu as la loi pour toi. »

Un affreux nain, puant la poix et le vieux cuir, s'approche de moi d'un air piteux, avec de gros soupirs :

« Tu vois, me dit-il. Les pauvres juifs, comme on nous traite! C'est un vieillard! regarde. Ils l'ont presque tué. »

De vrai, le pauvre Iscariote a l'air plus mort que vif. Il passe devant moi — l'œil éteint, le visage défait; ne marchant pas, se traînant... Une forte indemnité est seule capable de le guérir; aussi ne le mène-t-on pas chez le médecin, mais chez l'agent d'affaires.

Il y a beaucoup d'agents d'affaires en Algérie, presque autant que de sauterelles. Le métier est bon, paraît-il. Dans tous les cas, il a cet avantage qu'on peut y entrer de plain-pied, sans examens, ni cautionnement, ni stage. Comme à Paris nous nous faisons hommes de lettres, on se fait agent d'affaires en Algérie. Il suffit pour cela de savoir un peu de français, d'espagnol, d'arabe, d'avoir toujours un code dans ses fontes, et sur toute chose le tempérament du métier.

Les fonctions de l'agent sont très variées : tour à tour avocat, avoué, courtier, expert, interprète, teneur de livres, commissionnaire, écrivain public, c'est le maître Jacques de la colonie. Seulement Harpagon n'en avait qu'un, de maître Jacques, et la colonie en a plus qu'il ne lui en faut. Rien qu'à Milianah, on les compte par douzaines. En général, pour éviter les frais de bureau, ces messieurs reçoivent leurs clients au café de la grand-place et donnent leurs consultations — les donnent-ils? — entre l'absinthe et le champoreau.

C'est vers le café de la grand-place que le digne Iscariote s'achemine, flanqué de ses deux témoins. Ne le suivons pas.

En sortant du quartier juif, je passe devant la maison du bureau arabe. Du dehors, avec son chapeau d'ardoises et le drapeau français qui flotte dessus, on la prendrait pour une mairie de village. Je connais l'interprète, entrons fumer une cigarette avec lui. De cigarette en cigarette, je finirai bien par le tuer, ce dimanche sans soleil.

La cour qui précède le bureau est encombrée d'Arabes en gue illes. Ils sont là une cinquantaine à faire antichambre, accroupis, le long du mur, dans leur beurnouss. Cette antichambre bédouine exhale — quoique en plein air — une forte odeur de cuir humain. Passons vite... Dans le bureau, je trouve l'interprète aux prises avec deux grands braillards entièrement nus sous de longues couvertures crasseuses, et racontant d'une mimique enragée je ne sais quelle histoire de chapelet volé. Je m'assieds sur une natte dans un coin, et je regarde... Un joli costume, ce costume d'interprète; et comme l'interprète de Milianah le porte bien! Ils ont l'air taillés l'un pour l'autre. Le costume est bleu de ciel avec des brandebourgs noirs et des boutons d'or qui reluisent. L'interprète est blond, rose, tout frisé; un joli hussard bien plein d'humour et de fantaisie; un peu bavard, — il parle tant de langues! — un peu sceptique, — il a connu Renan à l'école orientaliste! — grand amateur de sport, à l'aise au bivouac arabe comme aux soirées de la sous-préfète, mazurkant mieux que personne, et faisant le cousscouss comme pas un. Parisien, pour tout dire; voilà mon homme, et ne vous étonnez pas que les dames en raffolent. Comme dandysme, il n'a qu'un rival : le sergent du bureau arabe. Celui-ci — avec sa tunique de drap fin et ses guêtres à boutons de nacre — fait le désespoir et l'envie de toute la garnison. Détaché au bureau arabe, il est dispensé des corvées, et toujours se montre par les rues, ganté de blanc, frisé de frais, avec de grands registres sous le bras. On l'admire et on le redoute. C'est une autorité.

Décidément, cette histoire de chapelet volé menace d'être fort longue. Bonsoir! je n'attends pas la fin.

En m'en allant je trouve l'antichambre en émoi. La foule se presse autour d'un indigène de haute taille, pâle, fier, drapé dans un beurnouss noir. Cet homme, il y a huit jours, s'est battu dans le Zaccar avec une panthère. La panthère est morte; mais l'homme a eu la moitié du bras mangée. Soir et matin, il vient se faire panser au bureau arabe, et chaque fois on l'arrête dans la cour pour lui entendre raconter son histoire. Il parle lentement, d'une belle voix gutturale. De temps en temps, il écarte son beurnouss et montre, attaché contre sa poitrine, son bras gauche entouré de linges sanglants.

A peine suis-je dans la rue, voilà un violent orage qui éclate. Pluie, tonnerre, éclairs, siroco... Vite, abritons-nous. J'enfile une porte au hasard, et je tombe au milieu d'une nichée de bohémiens, empilés sous les arceaux d'une cour moresque. Cette cour tient à la mosquée de Milianah; c'est le refuge habituel de la pouillerie musulmane, on l'appelle la *cour des pauvres*.

De grands lévriers maigres, tout couverts de vermine, viennent rôder autour de moi d'un air méchant. Adossé contre un des piliers de la galerie, je tâche de faire bonne contenance, et, sans parler à personne, je regarde la pluie qui ricoche sur les dalles coloriées de la cour. Les bohémiens sont à terre, couchés par tas. Près de moi, une jeune femme, presque belle, la gorge et les jambes découvertes, de gros bracelets de fer aux poignets et aux chevilles, chante un air bizarre à trois notes mélancoliques et nasillardes. En chantant, elle allaite un petit enfant tout nu en bronze rouge, et, du bras resté libre, elle pile de l'orge dans un mortier de pierre. La pluie, chassée par le vent cruel, inonde parfois les jambes de la nourrice et le corps de son nourrisson. La bohémienne n'y prend point garde et continue à chanter sous la rafale, en pilant l'orge et donnant le sein.

L'orage diminue. Profitant d'une embellie, je me hâte de quitter cette cour des miracles et je me dirige vers le dîner de Sid'Omar; il est temps... En traversant la grand-place, j'ai encore rencontré mon vieux juif de tantôt. Il s'appuie sur son agent d'affaires; ses témoins marchent joyeusement derrière lui; une bande de vilains petits juifs gambadent à l'entour... Tous les visages rayonnent. L'agent se charge de l'affaire : il demandera au tribunal deux mille francs d'indemnité.

*

Chez Sid'Omar, dîner somptueux. — La salle à manger ouvre sur une élégante cour moresque, où chantent deux ou trois fontaines... Excellent repas turc, recommandé au baron Brisse. Entre autres plats, je remarque un poulet aux amandes, un cousscouss à la vanille, une tortue à la viande, — un peu lourde mais du plus haut goût, — et des biscuits au miel qu'on appelle *bouchées du kadi*... Comme vin, rien que du champagne. Malgré la loi musulmane Sid' Omar en boit un peu, — quand les serviteurs ont le dos tourné... Après dîner, nous passons dans la chambre de notre hôte, où l'on nous apporte des confitures, des pipes et du café... L'ameublement de cette chambre est des plus simples : un divan, quelques nattes; dans le fond, un grand lit très haut sur lequel flânent de petits coussins rouges brodés d'or... A la muraille est accrochée une vieille peinture turque représentant les exploits d'un certain amiral Hamadi. Il paraît qu'en Turquie les peintres n'emploient qu'une couleur par tableau : ce tableau-ci est voué au vert. La mer, le ciel, les navires, l'amiral Hamadi lui-même, tout est vert, et de quel vert!...

L'usage arabe veut qu'on se retire de bonne heure. Le café pris, les pipes fumées, je souhaite la bonne nuit à mon hôte, et je le laisse avec ses femmes.

*

Où finirai-je ma soirée? Il est trop tôt pour me coucher, les clairons des spahis n'ont pas encore sonné la retraite. D'ailleurs, les coussinets d'or de Sid'Omar dansent autour de moi des farandoles fantastiques qui m'empêcheraient de dormir... Me voici devant le théâtre, entrons un moment.

Le théâtre de Milianah est un ancien magasin de fourrages, tant bien que mal déguisé en salle de spectacle. De gros quinquets, qu'on remplit d'huile pendant l'entracte, font office de lustres. Le parterre est debout, l'orchestre sur des bancs. Les galeries sont très fières parce qu'elles ont des chaises de paille... Tout autour de la salle, un long couloir, obscur, sans parquet... On se croirait dans la rue, rien n'y manque... La pièce est déjà commencée quand j'arrive. A ma grande surprise, les acteurs ne sont pas mauvais, je parle des hommes; ils ont de l'entrain, de la vie... Ce sont presque tous des amateurs, des soldats du 3e; le régiment en est fier et vient les applaudir tous les soirs.

Quant aux femmes, hélas!... c'est encore et toujours cet éternel féminin des petits théâtres de province, prétentieux, exagéré et faux... Il y en a deux pourtant qui m'intéressent parmi ces dames, deux juives de Milianah, toutes jeunes, qui débutent au théâtre... Les parents sont dans la salle et paraissent enchantés. Ils ont la conviction que leurs filles vont gagner des milliers de douros à ce commerce-là. La légende de Rachel, Israélite, millionnaire et comédienne, est déjà répandue chez les juifs d'Orient.

Rien de comique et d'attendrissant comme ces deux petites juives sur les planches... Elles se tiennent timidement dans un coin de la scène, poudrées, fardées, décolletées et toutes raides. Elles ont froid, elles ont honte. De temps en temps elles baragouinent une phrase sans la comprendre, et pendant qu'elles parlent, leurs grands yeux hébraïques regardent dans la salle avec stupeur.

*

Je sors du théâtre... Au milieu de l'ombre qui m'environne, j'entends des cris dans un coin de la place... Quelques Maltais sans doute en train de s'expliquer à coups de couteau...

Je reviens à l'hôtel, lentement, le long des remparts. D'adorables senteurs d'orangers et de thuyas montent de la plaine. L'air est doux, le ciel presque pur... Là-bas, au bout du chemin, se dresse un vieux fantôme de muraille, débris de quelque ancien temple. Ce mur est sacré; tous les jours les femmes arabes viennent y suspendre des *ex-voto*, fragments de haïcks et de foutas, longues tresses de cheveux roux liés par des fils d'argent, pans de beurnouss... Tout cela va flotter sous un mince rayon de lune, au souffle tiède de la nuit...

LES SAUTERELLES

Encore un souvenir d'Algérie, et puis nous reviendrons au moulin...

La nuit de mon arrivée dans cette ferme du Sahel, je ne pouvais pas dormir. Le pays nouveau, l'agitation du voyage, les aboiements des chacals, puis une chaleur énervante, oppressante, un étouffement complet, comme si les mailles de la moustiquaire n'avaient pas laissé passer un souffle d'air... Quand j'ouvris ma fenêtre, au petit jour, une brume d'été lourde, lentement remuée, frangée aux bords de noir et de rose, flottait dans l'air comme un nuage de poudre sur un champ de bataille. Pas une feuille ne bougeait, et dans ces beaux jardins que j'avais sous les yeux, les vignes espacées sur les pentes, au grand soleil qui fait les vins sucrés, les fruits d'Europe abrités dans un coin d'ombre, les petits orangers, les mandariniers, en longues files microscopiques, tout gardait le même aspect morne, cette immobilité des feuilles attendant l'orage. Les bananiers eux-mêmes, ces grands roseaux vert tendre, toujours agités par quelque souffle qui emmêle leur fine chevelure si légère, se dressaient silencieux et droits, en panaches réguliers.

Je restai un moment à regarder cette plantation merveilleuse, où tous les arbres du monde se trouvaient réunis, donnant chacun dans leur saison leurs fleurs et leurs fruits dépaysés. Entre les champs de blé et les massifs de chênes-lièges, un cours d'eau luisait, rafraîchissant à voir par cette matinée étouffante ; et tout en admirant le luxe et l'ordre de ces choses, cette belle ferme avec ses arcades moresques, ses terrasses toutes blanches d'aube, les écuries et les hangars groupés autour, je songeais qu'il y a vingt ans, quand ces braves gens étaient venus s'installer dans ce vallon du Sahel, ils n'avaient trouvé qu'une méchante baraque de cantonnier, une terre inculte hérissée de palmiers nains et de lentisques. Tout à créer, tout à construire. A chaque instant des révoltes d'Arabes. Il fallait laisser la charrue pour faire le coup de feu. Ensuite les maladies, les ophtalmies, les fièvres, les récoltes manquées, les tâtonnements de l'inexpérience, la lutte avec une administration bornée, toujours flottante. Que d'efforts ! Que de fatigues ! Quelle surveillance incessante !

Encore maintenant, malgré les mauvais temps finis et la fortune si chèrement gagnée, tous deux, l'homme et la femme, étaient les premiers levés à la ferme. A cette heure matinale je les entendais aller et venir dans les grandes cuisines du rez-de-chaussée, surveillant le café des travailleurs. Bientôt une cloche sonna, et au bout d'un moment les ouvriers défilèrent sur la route. Des vignerons de Bourgogne; des laboureurs kabyles en guenilles, coiffés d'une chéchia rouge; des terrassiers mahonais, les jambes nues; des Maltais; des Lucquois; tout un peuple disparate, difficile à conduire. A chacun d'eux le fermier, devant la porte, distribuait sa tâche de la journée d'une voix brève, un peu rude. Quand il eut fini, le brave homme leva la tête, scruta le ciel d'un air inquiet; puis m'apercevant à la fenêtre :

« Mauvais temps pour la culture, me dit-il... voilà le siroco. »

En effet, à mesure que le soleil se levait, des bouffées d'air, brûlantes, suffocantes, nous arrivaient du sud comme de la porte d'un four ouverte et refermée. On ne savait où se mettre, que devenir. Toute la matinée se passa ainsi. Nous prîmes du café sur les nattes de la galerie, sans avoir le courage de parler ni de bouger. Les chiens allongés, cherchant la fraîcheur des dalles, s'étendaient dans des poses accablées. Le déjeuner nous remit un peu, un déjeuner plantureux et singulier où il y avait des carpes, des truites, du sanglier, du hérisson, le beurre de Staouëli, les vins de Crescia, des goyaves, des bananes, tout un dépaysement de mets qui ressemblaient bien à la nature si complexe dont nous étions entourés... On allait se lever de table. Tout à coup, à la porte-fenêtre, fermée, pour nous garantir de la chaleur du jardin en fournaise, de grands cris retentirent :

« Les criquets! les criquets! »

Mon hôte devint tout pâle comme un homme à qui on annonce un désastre, et nous sortîmes précipitamment. Pendant dix minutes, ce fut dans l'habitation, si calme tout à l'heure, un bruit de pas précipités, de voix indistinctes perdues dans l'agitation d'un réveil. De l'ombre des vestibules où ils s'étaient endormis, les serviteurs s'élancèrent dehors en faisant résonner avec des bâtons, des fourches, des fléaux, tous les ustensiles de métal

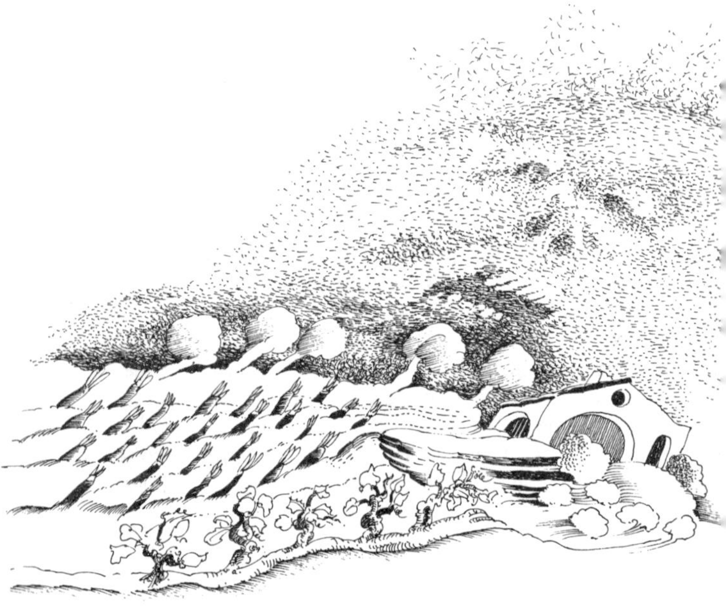

qui leur tombaient sous la main, des chaudrons de cuivre, des bassines, des casseroles. Les bergers soufflaient dans leurs trompes de pâturage. D'autres avaient des conques marines, des cors de chasse. Cela faisait un vacarme effrayant, discordant, que dominaient d'une note suraiguë les « You! you! you! » des femmes arabes accourues d'un douar voisin. Souvent, paraît-il, il suffit d'un grand bruit, d'un frémissement sonore de l'air, pour éloigner les sauterelles, les empêcher de descendre.

Mais où étaient-elles donc ces terribles bêtes? Dans le ciel vibrant de chaleur, je ne voyais rien qu'un nuage venant de l'horizon, cuivré, compact, comme un nuage de grêle, avec le bruit d'un vent d'orage dans les mille rameaux d'une forêt. C'étaient les sauterelles. Soutenues entre elles par leurs ailes sèches étendues, elles volaient en masse, et malgré nos cris, nos efforts, le nuage s'avançait toujours, projetant dans la plaine une ombre immense. Bientôt il arriva au-dessus de nos têtes; sur les bords on vit pendant une seconde un effrangement, une déchirure. Comme les premiers grains d'une giboulée, quelques-unes se détachèrent, distinctes, roussâtres; ensuite toute la nuée creva, et cette grêle d'insectes tomba drue et bruyante. A perte de vue les champs étaient couverts de criquets, de criquets énormes, gros comme le doigt.

Alors le massacre commença. Hideux murmure d'écrasement, de paille broyée. Avec les herses, les pioches, les charrues, on remuait ce sol mouvant; et plus on en tuait, plus il y en avait. Elles grouillaient par couches, leurs hautes pattes enchevêtrées; celles du dessus faisant des bonds de détresse, sautant au nez des chevaux attelés pour cet étrange labour. Les chiens de la ferme, ceux du douar, lancés à travers champs, se ruaient sur elles, les broyaient avec fureur. A ce moment, deux compagnies de turcos, clairons en tête, arrivèrent au secours des malheureux colons, et la tuerie changea d'aspect.

Au lieu d'écraser les sauterelles, les soldats les

flambaient en répandant de longues traînées de poudre.

Fatigué de tuer, écœuré par l'odeur infecte, je rentrais. A l'intérieur de la ferme, il y en avait presque autant que dehors. Elles étaient entrés par les ouvertures des portes, ces fenêtres, la baie des cheminées. Au bord des boiseries, dans les rideaux déjà tout mangés, elles se traînaient, tombaient, volaient, grimpaient aux murs blancs avec une ombre gigantesque qui doublait leur laideur. Et toujours cette odeur épouvantable. A dîner, il fallut se passer d'eau. Les citernes, les bassins, les puits, les viviers, tout était infecté. Le soir, dans ma chambre, où l'on en avait pourtant tué des quantités, j'entendis encore des grouillements sous les meubles, et ce craquement d'élytres semblable au pétillement des gousses qui éclatent à la grande chaleur. Cette nuit-là non plus je ne pus pas dormir. D'ailleurs autour de la ferme tout restait éveillé. Des flammes couraient au ras du sol d'un bout à l'autre de la plaine. Les turcos en tuaient toujours.

Le lendemain, quand j'ouvris ma fenêtre comme la veille, les sauterelles étaient parties; mais quelle ruine elles avaient laissée derrière elles! Plus une fleur, plus un brin d'herbe : tout était noir, rongé, calciné. Les bananiers, les abricotiers, les pêchers, les mandariniers se reconnaissaient seulement à l'allure de leurs branches dépouillées, sans le charme, le flottant de la feuille qui est la vie de l'arbre. On nettoyait les pièces d'eau, les citernes. Partout des laboureurs creusaient la terre pour tuer les œufs laissés par les insectes. Chaque motte était retournée, brisée soigneusement. Et le cœur se serrait de voir les mille racines blanches, pleines de sève, qui apparaissaient dans cet écroulement de terre fertile...

L'ÉLIXIR DU RÉVÉREND PÈRE GAUCHER

« Buvez ceci, mon voisin; vous m'en direz des nouvelles. »

Et, goutte à goutte, avec le soin minutieux d'un lapidaire comptant des perles, le curé de Graveson me versa deux doigts d'une liqueur verte, dorée, chaude, étincelante, exquise... J'en eus l'estomac tout ensoleillé.

« C'est l'élixir du père Gaucher, la joie et la santé de notre Provence, me fit le brave homme d'un air triomphant; on le fabrique au couvent des Prémontrés, à deux lieues de votre moulin... N'est-ce pas que cela vaut bien toutes les chartreuses du monde?... Et si vous saviez comme elle est amusante, l'histoire de cet élixir! Ecoutez plutôt... »

Alors, tout naïvement, sans y entendre malice, dans cette salle à manger de presbytère, si candide et si calme avec son Chemin de la croix en petits tableaux et ses jolis rideaux clairs empesés comme des surplis, l'abbé me commença une historiette légèrement sceptique et irrévérencieuse, à la façon d'un conte d'Erasme ou de d'Assoucy.

*

Il y a vingt ans, les Prémontrés, ou plutôt les Pères blancs, comme les appellent nos Provençaux, étaient tombés dans une grande misère. Si vous aviez vu leur maison de ce temps-là, elle vous aurait fait peine.

Le grand mur, la tour Pacôme s'en allaient en morceaux. Tout autour du cloître rempli d'herbes, les colonnettes se fendaient, les saints de pierre croulaient dans leurs niches. Pas un vitrail debout, pas une porte qui tînt. Dans les préaux, dans les chapelles, le vent du Rhône soufflait comme en

Camargue, éteignant les cierges, cassant le plomb des vitrages, chassant l'eau des bénitiers. Mais le plus triste de tout, c'était le clocher du couvent, silencieux comme un pigeonnier vide, et les Pères, faute d'argent pour s'acheter une cloche, obligés de sonner matines avec des cliquettes de bois d'amandier !...

Pauvres Pères blancs! Je les vois encore, à la procession de la Fête-Dieu, défilant tristement dans leurs capes rapiécées, pâles, maigres, nourris de *citres* et de pastèques, et derrière eux monseigneur l'abbé, qui venait la tête basse, tout honteux de montrer au soleil sa crosse dédorée et sa mitre de laine blanche mangée des vers. Les dames de la confrérie en pleuraient de pitié dans les rangs, et les gros porte-bannière ricanaient entre eux tout bas en se montrant les pauvres moines :

« Les étourneaux sont maigres quand ils vont en troupe. »

Le fait est que les infortunés Pères blancs en étaient arrivés eux-mêmes à se demander s'ils ne feraient pas mieux de prendre leur vol à travers le monde et de chercher pâture chacun de son côté.

Or, un jour que cette grave question se débattait dans le chapitre, on vint annoncer au prieur que le frère Gaucher demandait à être entendu au conseil... Vous saurez pour votre gouverne que ce frère Gaucher était le bouvier du couvent; c'est-à-dire qu'il passait ses journées à rouler d'arcade en arcade dans le cloître, en poussant devant lui deux vaches étiques qui cherchaient l'herbe aux fentes des pavés. Nourri jusqu'à douze ans par une vieille folle du pays des Baux, qu'on appelait tante Bégon, recueilli depuis chez les moines, le malheureux bouvier n'avait jamais pu rien apprendre qu'à conduire ses bêtes et à réciter son *Pater noster;* encore le disait-il en provençal, car il avait la cervelle dure et l'esprit fin comme une dague de plomb. Fervent chrétien du reste, quoique un peu visionnaire, à l'aise sous le cilice et se donnant la discipline avec une conviction robuste, et des bras!...

Quand on le vit entrer dans la salle du chapitre, simple et balourd, saluant l'assemblée la jambe en arrière, prieur, chanoines, argentier, tout le monde se mit à rire. C'était toujours l'effet que produisait, quand elle arrivait quelque part, cette bonne face grisonnante avec sa barbe de chèvre et ses yeux un peu fous; aussi le frère Gaucher ne s'en émut pas.

« Mes révérends, fit-il d'un ton bonasse en tortillant son chapelet de noyaux d'olives, on a bien raison de dire que ce sont les tonneaux vides qui chantent le mieux. Figurez-vous qu'à force de creuser ma pauvre tête déjà si creuse, je crois que j'ai trouvé le moyen de nous tirer tous de peine.

« Voici comment. Vous savez bien tante Bégon, cette brave femme qui me gardait quand j'étais petit. (Dieu ait son âme, la vieille coquine! elle chantait de bien vilaines chansons après boire.) Je vous dirai donc, mes Révérends Pères, que tante Bégon, de son vivant, se connaissait aux herbes de montagne autant et mieux qu'un vieux merle de Corse. Voire, elle avait composé, sur la fin de ses jours, un élixir incomparable en mélangeant cinq ou six espèces de simples que nous allions cueillir ensemble dans les Alpilles. Il y a de belles années de cela; mais je pense qu'avec l'aide de saint Augustin et la permission de notre Père abbé, je pourrais — en cherchant bien — retrouver la composition de ce mystérieux élixir. Nous n'aurions plus alors qu'à le mettre en bouteilles, et à le vendre un peu cher, ce qui permettrait à la communauté de s'enrichir doucettement, comme ont fait nos frères de la Trappe et de la Grande... »

Il n'eut pas le temps de finir. Le prieur s'était levé pour lui sauter au cou. Les chanoines lui prenaient les mains. L'argentier, encore plus ému que tous les autres, lui baisait avec respect le bord tout effrangé de sa cuculle... Puis chacun revint à sa chaire pour délibérer; et, séance tenante, le chapitre décida qu'on confierait les vaches au frère Thrasybule, pour que le frère Gaucher pût se donner tout entier à la confection de son élixir.

*

Comment le bon frère parvint-il à retrouver la recette de tante Bégon? au prix de quels efforts? au prix de quelles veilles? L'histoire ne le dit pas. Seulement, ce qui est sûr, c'est qu'au bout de six mois, l'élixir des Pères blancs était déjà très populaire. Dans tout le Comtat, dans tout le pays d'Arles, pas un *mas*, pas une grange qui n'eût au fond de sa *dépense*, entre les bouteilles de vin cuit et les jarres d'olives à la picholine, un petit flacon de terre brune cacheté aux armes de Provence, avec un moine en extase sur une étiquette d'argent. Grâce à la vogue de son élixir, la maison des Prémontrés s'enrichit très rapidement. On releva la tour Pacôme. Le prieur eut une mitre neuve, l'église de jolis vitraux ouvragés; et, dans la fine dentelle du clocher, toute une compagnie de cloches et de clochettes vint s'abattre, un beau matin de Pâques, tintant et carillonnant à la grande volée.

Quand au frère Gaucher, ce pauvre frère lai dont les rusticités égayaient tant le chapitre, il n'en fut plus question dans le couvent. On ne connut plus désormais que le Révérend Père Gaucher, homme de tête et de grand savoir, qui vivait complètement isolé des occupations si menues et si multiples du cloître, et s'enfermait tout le jour dans sa distillerie, pendant que trente moines battaient la montagne pour lui chercher des herbes odorantes... Cette distillerie, où personne, pas même le prieur, n'avait le droit de pénétrer, était une ancienne chapelle abandonnée, tout au bout du jardin des chanoines. La simplicité des bons Pères en avait fait quelque chose de mystérieux et de formidable; et si, par aventure, un moinillon hardi et curieux, s'accrochant aux vignes grimpantes, arrivait jusqu'à la rosace du portail, il en dégringolait bien vite, effaré d'avoir vu le Père Gaucher, avec sa barbe de nécroman, penché sur ses fourneaux, le pèse-liqueur à la main; puis, tout autour, des cornues de grès rose, des alambics gigantesques, des serpentins de cristal, tout un encombrement bizarre qui flamboyait ensorcelé dans la lueur rouge des vitraux...

Au jour tombant, quand sonnait le dernier Angélus, la porte de ce lieu de mystère s'ouvrait discrètement, et le Révérend se rendait à l'église pour l'office du soir. Il fallait voir quel accueil quand il traversait le monastère! Les frères faisaient la haie sur son passage. On disait :

« Chut!... il a le secret... »

L'argentier le suivait et lui parlait la tête basse... Au milieu de ces adulations, le Père s'en allait en s'épongeant le front, son tricorne aux larges bords posé en arrière comme une auréole, regardant autour de lui d'un air de complaisance les grandes cours plantées d'orangers, les toits bleus où tournaient des girouettes neuves, et, dans le cloître éclatant de blancheur — entre les colonnettes élégantes et fleuries —, les chanoines habillés de frais qui défilaient deux par deux avec des mines reposées.

« C'est à moi qu'ils doivent tout cela! » se disait le Révérend en lui-même; et chaque fois cette pensée lui faisait monter des bouffées d'orgueil.

Le pauvre homme en fut bien puni. Vous allez voir...

*

Figurez-vous qu'un soir, pendant l'office, il arriva à l'église dans une agitation extraordinaire : rouge, essoufflé, le capuchon de travers, et si troublé qu'en prenant de l'eau bénite il y trempa ses manches jusqu'au coude. On crut d'abord que c'était l'émotion d'arriver en retard; mais quand on le vit faire de grandes révérences à l'orgue et aux tribunes au lieu de saluer le maître-autel, traverser l'église en coup de vent, errer dans le chœur pendant cinq minutes pour chercher sa stalle, puis, une fois assis, s'incliner de droite et de gauche en souriant d'un air béat, un murmure d'étonnement courut dans les trois nefs. On chuchotait de bréviaire à bréviaire :

« Qu'a donc notre Père Gaucher?... Qu'a donc notre Père Gaucher? »

Par deux fois, le prieur impatienté fit tomber sa crosse sur les dalles pour commander le silence... Là-bas, au fond du chœur, les psaumes allaient toujours; mais les répons manquaient d'entrain...

Tout à coup, au beau milieu de l'*Ave verum*, voilà mon Père Gaucher qui se renverse dans sa stalle et entonne d'une voix éclatante :

Dans Paris, il y a un Père blanc,
Patatin, patatan, tarabin, taraban...

Consternation générale. Tout le monde se lève. On crie :

« Emportez-le... il est possédé! »

Les chanoines se signent. La crosse de monseigneur se démène... Mais le Père Gaucher ne voit rien, n'écoute rien; et deux moines vigoureux sont obligés de l'entraîner par la petite porte du chœur, se débattant comme un exorcisé et continuant de plus belle ses *patatin* et ses *taraban*.

*

Le lendemain, au petit jour, le malheureux était à genoux dans l'oratoire du prieur, et faisait sa *coulpe* avec un ruisseau de larmes :

« C'est l'élixir, monseigneur, c'est l'élixir qui m'a surpris », disait-il en se frappant la poitrine.

Et de le voir si marri, si repentant, le bon prieur en était tout ému lui-même.

« Allons, allons, Père Gaucher, calmez-vous, tout cela séchera comme la rosée au soleil... Après tout, le scandale n'a pas été aussi grand que vous pensez.

Il y a bien eu la chanson qui était un peu... hum! hum!... Enfin il faut espérer que les novices ne l'auront pas entendue... A présent, voyons, dites-moi bien comment la chose vous est arrivée... C'est en essayant l'élixir, n'est-ce pas? Vous aurez eu la main trop lourde... Oui, oui, je comprends... C'est comme le frère Schwartz, l'inventeur de la poudre : vous avez été victime de votre invention... Et dites-moi, mon brave ami, est-il bien nécessaire que vous l'essayiez sur vous-même, ce terrible élixir?

— Malheureusement, oui, monseigneur... l'éprouvette me donne bien la force et le degré de l'alcool; mais pour le fini, le velouté, je ne me fie guère qu'à ma langue...

— Ah! très bien... Mais écoutez encore un peu que je vous dise... Quand vous goûtez ainsi l'élixir par nécessité, est-ce que cela vous semble bon? Y prenez-vous du plaisir?...

— Hélas! oui, monseigneur, fit le malheureux Père en devenant tout rouge... Voilà deux soirs que je lui trouve un bouquet, un arôme!... C'est pour sûr le démon qui m'a joué ce vilain tour... Aussi je suis bien décidé désormais à ne plus me servir que de l'éprouvette. Tant pis si la liqueur n'est pas assez fine, si elle ne fait pas assez la perle...

— Gardez-vous-en bien, interrompit le prieur avec vivacité. Il ne faut pas s'exposer à mécontenter la clientèle... Tout ce que vous avez à faire maintenant que vous voilà prévenu, c'est de vous tenir sur vos gardes... Voyons, qu'est-ce qu'il vous faut pour vous rendre compte?... Quinze ou vingt gouttes, n'est-ce pas?... mettons vingt gouttes... Le diable sera bien fin s'il vous attrape avec vingt gouttes... D'ailleurs, pour prévenir tout accident, je vous dispense dorénavant de venir à l'église. Vous direz l'office du soir dans la distillerie... Et maintenant, allez en paix, mon Révérend, et surtout... comptez bien vos gouttes. »

Hélas! le pauvre Révérend eut beau compter ses gouttes... le démon le tenait, et ne le lâcha plus.

C'est la distillerie qui entendit de singuliers offices!

*

Le jour, encore, tout allait bien. Le Père était assez calme : il préparait ses réchauds, ses alambics, triait soigneusement ses herbes, toutes herbes de Provence, fines, grises, dentelées, brûlées de parfums et de soleil... Mais, le soir, quand les simples étaient infusées et que l'élixir tiédissait dans de grandes bassines de cuivre rouge, le martyre du pauvre homme commençait.

« ... Dix-sept... dix-huit... dix-neuf... vingt!... »

Les gouttes tombaient du chalumeau dans le gobelet de vermeil. Ces vingt-là, le Père les avalait d'un trait, presque sans plaisir. Il n'y avait que la vingt et unième qui lui faisait envie. Oh! cette vingt et unième goutte!... Alors, pour échapper à la tentation, il allait s'agenouiller tout au bout du laboratoire et s'abîmait dans ses patenôtres. Mais de la liqueur encore chaude il montait une petite fumée toute chargée d'aromates, qui venait rôder autour de lui et, bon gré mal gré, le ramenait vers les bassines... La liqueur était d'un beau vert doré. Penché dessus, les narines ouvertes, le Père la remuait tout doucement avec son chalumeau, et dans les petites paillettes étincelantes que roulait le flot d'émeraude, il lui semblait voir les yeux de tante Bégon qui riaient et pétillaient en le regardant...

« Allons! encore une goutte! »

Et de goutte en goutte, l'infortuné finissait par avoir son gobelet plein jusqu'au bord. Alors, à bout de forces, il se laissait tomber dans un grand fauteuil, et, le corps abandonné, la paupière à demi close, il dégustait son péché par petits coups, en se disant tout bas avec un remords délicieux :

« Ah! je me damne... je me damne... »

Le plus terrible, c'est qu'au fond de cet élixir diabolique il retrouvait, par je ne sais quel sortilège, toutes les vilaines chansons de tante Bégon : *Ce sont trois petites commères, qui parlent de faire un banquet...* ou : *Bergerette de maître André s'en va-t-au bois seu-*

lette... et toujours la fameuse des Pères blancs : *Patatin patatan*.

Pensez quelle confusion le lendemain, quand ses voisins de cellule lui faisaient d'un air malin :

« Eh! eh! Père Gaucher, vous aviez des cigales en tête, hier soir en vous couchant. »

Alors c'étaient des larmes, des désespoirs, et le jeûne, et le cilice, et la discipline. Mais rien ne pouvait contre le démon de l'élixir; et tous les soirs, à la même heure, la possession recommençait.

*

Pendant ce temps, les commandes pleuvaient à l'abbaye que c'était une bénédiction. Il en venait de Nîmes, d'Aix, d'Avignon, de Marseille... De jour en jour le couvent prenait un petit air de manufacture. Il y avait des frères emballeurs, des frères étiqueteurs, d'autres pour les écritures, d'autres pour le camionnage; le service de Dieu y perdait bien par-ci par-là quelques coups de cloches; mais les pauvres gens du pays n'y perdaient rien, je vous en réponds...

Et donc, un beau dimanche matin, pendant que l'argentier lisait en plein chapitre son inventaire de fin d'année et que les bons chanoines l'écoutaient les yeux brillants et le sourire aux lèvres, voilà le Père Gaucher qui se précipite au milieu de la conférence en criant :

« C'est fini... Je n'en fais plus... Rendez-moi mes vaches.

— Qu'est-ce qu'il y a donc, Père Gaucher? demanda le prieur, qui se doutait bien un peu de ce qu'il y avait.

— Ce qu'il y a, monseigneur?... Il y a que je suis en train de me préparer une belle éternité de flammes et de coups de fourche... il y a que je bois, que je bois comme un misérable...

— Mais je vous avais dit de compter vos gouttes.

— Ah! bien oui, compter mes gouttes! c'est par gobelets qu'il faudrait compter maintenant... Oui, mes Révérends, j'en suis là. Trois fioles par soirée... Vous comprenez bien que cela ne peut pas durer... Aussi, faites faire l'élixir par qui vous voudrez... Que le feu de Dieu me brûle si je m'en mêle encore ! »

C'est le chapitre qui ne riait plus.

« Mais, malheureux, vous nous ruinez ! criait l'argentier en agitant son grand livre.

— Préférez-vous que je me damne ? »

Pour lors, le prieur se leva.

« Mes Révérends, dit-il en étendant sa belle main blanche où luisait l'anneau pastoral, il y a moyen de tout arranger... C'est le soir, n'est-ce pas, mon cher fils, que le démon vous tente ?...

— Oui, monsieur le prieur, régulièrement tous les soirs... Aussi, maintenant, quand je vois arriver la nuit, j'en ai, sauf votre respect, les sueurs qui me prennent, comme l'âne de Capitou, quand il voyait venir le bât.

— Eh bien, rassurez-vous... Dorénavant, tous les soirs, à l'office, nous réciterons à votre intention l'oraison de saint Augustin à laquelle l'indulgence plénière est attachée... Avec cela, quoi qu'il arrive, vous êtes à couvert... C'est l'absolution pendant le péché.

— Oh bien ! alors, merci, monsieur le prieur ! »

Et, sans en demander davantage, le Père Gaucher retourna à ses alambics, aussi léger qu'une alouette.

Effectivement, à partir de ce moment-là, tous les soirs à la fin des complies, l'officiant ne manquait jamais de dire :

« Prions pour notre pauvre Père Gaucher, qui sacrifie son âme aux intérêts de la communauté... *Oremus Domine...* »

Et pendant que sur toutes ces capuches blanches, prosternées dans l'ombre des nefs, l'oraison courait en frémissant comme une petite bise sur la neige, là-bas, tout au bout du couvent, derrière le vitrage enflammé de la distillerie, on entendait le Père Gaucher qui chantait à tue-tête :

Dans Paris il y a un Père blanc,

Patatin, patatan, taraban, tarabin ;
Dans Paris il y a un Père blanc,
Qui fait danser des moinettes,
Trin, trin, trin, dans un jardin ;
Qui fait danser des...

... Ici le bon curé s'arrêta plein d'épouvante : « Miséricorde ! si mes paroissiens m'entendaient ! »

EN CAMARGUE

I

LE DÉPART

Grande rumeur au château. Le messager vient d'apporter un mot du garde, moitié en français, moitié en provençal, annonçant qu'il a eu déjà deux ou trois beaux passages de *Galéjons*, de *Charlottines*, et que les *oiseaux* de *prime* non plus ne manquaient pas.

« Vous êtes des nôtres ! » m'ont écrit mes aimables voisins ; et ce matin, au petit jour de cinq heures, leur grand break, chargé de fusils, de chiens, de victuailles, est venu me prendre au bas de la côte. Nous voilà roulant sur la route d'Arles, un peu sèche, un peu dépouillée, par ce matin de décembre où la verdure pâle des oliviers est à peine visible, et la verdure crue des chênes-kermès un peu trop hivernale et factice. Les étables se remuent. Il y a des réveils avant le jour qui allument la vitre des fermes ; et dans les découpures de pierre de l'abbaye de Montmajour, des orfraies encore engourdies de sommeil battent de l'aile parmi les ruines. Pourtant nous croisons déjà, le long des fossés, de vieilles paysannes qui vont au marché au trot de leurs bourriquets. Elles viennent de la Ville-des-Baux. Six grandes lieues pour s'asseoir une heure sur les marches de Saint-Trophyme et vendre des petits paquets de simples ramassés dans la montagne!...

Maintenant voici les remparts d'Arles; des remparts bas et crénelés, comme on en voit sur les anciennes estampes où des guerriers armés de lances apparaissent en haut de talus moins grands qu'eux. Nous traversons au galop cette merveilleuse petite ville, une des plus pittoresques de France, avec ses balcons sculptés, arrondis, s'avançant comme des moucharabiés jusqu'au milieu des rues étroites, avec ses vieilles maisons noires aux petites portes moresques, ogivales et basses, qui vous reportent au temps de Guillaume Court-Nez et des Sarrasins. A cette heure, il n'y a encore personne dehors. Le quai du Rhône seul est animé. Le bateau à vapeur qui fait le service de la Camargue chauffe au bas des marches, prêt à partir. Des *ménagers* en veste de cadis roux, des filles de La Roquette qui vont se louer pour des travaux de fermes, montent sur le pont avec nous, causant et riant entre eux. Sous les longues mantes brunes rabattues à cause de l'air vif du matin, la haute coiffure arlésienne fait la tête élégante et petite avec un joli grain d'effronterie, une envie de se dresser pour lancer le rire ou la malice plus loin... La cloche sonne; nous partons. Avec la triple vitesse du Rhône, de l'hélice, du mistral, les deux rivages se déroulent. D'un côté c'est la Crau, une plaine aride, pierreuse. De l'autre, la Camargue, plus verte, qui prolonge jusqu'à la mer son herbe courte et ses marais pleins de roseaux.

De temps en temps le bateau s'arrête près d'un ponton, à gauche ou à droite, à Empire ou à Royaume, comme on disait au Moyen Age, du temps du Royaume d'Arles, et comme les vieux mariniers du Rhône disent encore aujourd'hui. A chaque ponton, une ferme blanche, un bouquet d'arbres. Les travailleurs descendent chargés d'outils, les femmes leur panier au bras, droites sur la passerelle. Vers Empire ou vers Royaume peu à peu le bateau se vide et quand il arrive au ponton du Mas-de-Giraud où nous descendons, il n'y a presque plus personne à bord.

Le Mas-de-Giraud est une vieille ferme des seigneurs de Barbentane, où nous entrons pour attendre le garde qui doit venir nous chercher. Dans la haute cuisine, tous les hommes de la ferme, laboureurs, vignerons, bergers, bergerots, sont attablés, graves, silencieux, mangeant lentement, et servis par les femmes qui ne mangeront qu'après. Bientôt le garde paraît avec la carriole. Vrai type à la Fenimore, trappeur de terre et d'eau, garde-pêche et garde-chasse, les gens du pays l'appellent *lou Roudeïroù* (le rôdeur), parce qu'on le voit toujours, dans les brumes d'aube ou de jour tombant, caché pour l'affût parmi les roseaux ou bien immobile dans son petit bateau, occupé à surveiller ses nasses sur les *clairs* (les étangs) et les *roubines* (canaux d'irrigation). C'est peut-être ce métier d'éternel guetteur qui le rend aussi silencieux, aussi concentré. Pourtant, pendant que la petite carriole chargée de fusils et de paniers marche devant nous, il nous donne des nouvelles de la chasse, le nombre des passages, les quartiers où les oiseaux voyageurs se sont abattus. Tout en causant, on s'enfonce dans le pays.

Les terres cultivées dépassées, nous voici en pleine Camargue sauvage. A perte de vue, parmi les pâturages, des marais, des roubines luisent dans les salicornes. Des bouquets de tamaris et de roseaux font des îlots comme sur une mer calme. Pas d'arbres hauts. L'aspect uni, immense de la plaine, n'est pas troublé. De loin en loin, des parcs de bestiaux étendent leurs toits bas presque au ras de terre. Des troupeaux dispersés, couchés dans les herbes salines, ou cheminant serrés autour de la cape rousse du berger, n'interrompent pas la grande ligne uniforme, amoindris qu'ils sont par cet espace infini d'horizons bleus et de ciel ouvert. Comme de la mer unie malgré ses vagues, il se dégage de cette plaine un sentiment de solitude, d'immensité, accru encore par le mistral qui souffle sans relâche, sans obstacle, et qui, de son haleine puissante, semble aplanir, agrandir le paysage. Tout se courbe devant lui. Les moindres arbustes gardent l'empreinte de son passage, en restent tordus, couchés vers le sud dans l'attitude d'une fuite perpétuelle...

II
LA CABANE

Un toit de roseaux, des murs de roseaux desséchés et jaunes, c'est la cabane. Ainsi s'appelle notre rendez-vous de chasse. Type de la maison camarguaise, la cabane se compose d'une unique pièce, haute, vaste, sans fenêtres, et prenant jour par une porte vitrée qu'on ferme le soir avec des volets pleins. Tout le long des grands murs crépis, blanchis à la chaux, des râteliers attendent les fusils, les carniers, les bottes de marais. Au fond, cinq ou six berceaux sont rangés autour d'un vrai mât planté au sol et montant jusqu'au toit auquel il sert d'appui. La nuit, quand le mistral souffle et que la maison craque de partout, avec la mer lointaine et le vent qui la rapproche, porte son bruit, le continue en l'enflant, on se croirait couché dans la chambre d'un bateau.

Mais c'est l'après-midi surtout que la cabane est charmante. Par nos belles journées d'hiver méridional, j'aime rester tout seul près de la haute cheminée où fument quelques pieds de tamaris. Sous les coups du mistral ou de la tramontane, la porte saute, les roseaux crient, et toutes ces secousses sont un bien petit écho du grand ébranlement de la nature autour de moi. Le soleil d'hiver fouetté par l'énorme courant s'éparpille, joint ses rayons, les disperse. De grandes ombres courent sous un ciel bleu admirable. La lumière arrive par saccades, les bruits aussi; et les sonnailles des troupeaux entendues tout à coup, puis oubliées, perdues dans le vent, reviennent chanter sous la porte ébranlée avec le charme d'un refrain... L'heure exquise, c'est le crépuscule, un peu avant que les chasseurs n'arrivent. Alors le vent s'est calmé. Je sors un moment. En paix le grand soleil rouge descend, enflammé, sans chaleur. La nuit tombe, vous frôle en passant de son aile noire tout humide. Là-bas, au ras du sol, la lumière d'un coup de feu passe avec l'éclat d'une étoile rouge, avivée par l'ombre environnante. Dans ce qui reste de jour, la vie se hâte. Un long triangle de canards vole très bas, comme s'ils voulaient prendre terre; mais tout à coup la cabane, où le *caleil* est allumé, les éloigne : celui qui tient la tête de la colonne dresse le cou, remonte, et tous les autres derrière lui s'emportent plus haut avec des cris sauvages.

Bientôt un piétinement immense se rapproche, pareil à un bruit de pluie. Des milliers de moutons, rappelés par les bergers, harcelés par les chiens, dont on entend le galop confus et l'haleine haletante, se pressent vers les parcs, peureux et indisciplinés. Je suis envahi, frôlé, confondu dans ce tourbillon de laines frisées, de bêlements; une houle véritable où les bergers semblent portés avec leur ombre par des flots bondissants... Derrière les troupeaux, voici des pas connus, des voix joyeuses. La cabane est pleine, animée, bruyante. Les sarments flambent. On rit d'autant plus qu'on est plus las. C'est un étourdissement d'heureuse fatigue, les fusils dans un coin, les grandes bottes jetées pêle-mêle, les carniers vides, et à côté les plumages roux, dorés, verts, argentés, tout tachés de sang. La table est mise; et dans la fumée d'une bonne soupe d'anguilles, le silence se fait, le grand silence des appétits robustes, interrompu seulement par les grognements féroces des chiens qui lapent leur écuelle à tâtons devant la porte...

La veillée sera courte. Déjà, près du feu, clignotant lui aussi, il ne reste plus que le garde et moi. Nous causons, c'est-à-dire nous nous jetons de temps en temps l'un à l'autre des demi-mots à la façon des paysans, de ces interjections presque indiennes, courtes et vite éteintes comme les dernières étincelles des sarments consumés. Enfin le garde se lève, allume sa lanterne et j'écoute son pas lourd qui se perd dans la nuit...

III

A L'ESPÈRE (A L'AFFUT)

L'espère! quel joli nom pour désigner l'affût, l'attente du chasseur embusqué, et ces heures indécises où tout attend, *espère*, hésite entre le jour et la nuit. L'affût du matin un peu avant le lever du soleil, l'affût du soir au crépuscule. C'est ce dernier que je préfère, surtout dans ces pays marécageux où l'eau des *clairs* garde si longtemps la lumière...

Quelquefois on tient l'affût dans le *negochin* (le naye-chien), un tout petit bateau sans quille, étroit, roulant au moindre mouvement. Abrité par les roseaux, le chasseur guette les canards du fond de sa barque, que dépassent seulement la visière d'une casquette, le canon du fusil et la tête du chien flairant le vent, happant les moustiques, ou bien de ses grosses pattes étendues penchant tout le bateau d'un côté et le remplissant d'eau. Cet affût-là est trop compliqué pour mon inexpérience.

Aussi, le plus souvent, je vais à *l'espère* à pied, barbotant en plein marécage avec d'énormes bottes taillées dans toute la longueur du cuir, je marche lentement, prudemment, de peur de m'envaser. J'écarte les roseaux pleins d'odeurs saumâtres et de sauts de grenouilles...

Enfin, voici un îlot de tamaris, un coin de terre sèche où je m'installe. Le garde, pour me faire honneur, a laissé son chien avec moi; un énorme chien des Pyrénées à grande toison blanche, chasseur et pêcheur de premier ordre, et dont la présence ne laisse pas que de m'intimider un peu. Quand une poule d'eau passe à ma portée, il a une certaine façon ironique de me regarder en rejetant en arrière, d'un coup de tête à l'artiste, deux longues oreilles flasques qui lui pendent dans les yeux; puis des poses à l'arrêt, des frétillements de queue, toute une mimique d'impatience pour me dire :

« Tire... tire donc! »

Je tire, je manque. Alors, allongé de tout son corps, il bâille et s'étire d'un air las, découragé, et insolent...

Eh bien, oui, j'en conviens, je suis un mauvais chasseur. L'affût, pour moi, c'est l'heure qui tombe, la lumière diminuée, réfugiée dans l'eau, les étangs qui luisent, polissant jusqu'au ton de l'argent fin la teinte grise du ciel assombri. J'aime cette odeur d'eau, ce frôlement mystérieux des insectes dans les roseaux, ce petit murmure des longues feuilles qui frissonnent. De temps en temps, une note triste passe et roule dans le ciel comme un ronflement de conque marine. C'est le butor qui plonge au fond de l'eau son bec immense d'oiseau-pêcheur et souffle... rrrouououou! Des vols de grues filent sur ma tête. J'entends le froissement des plumes, l'ébouriffement du duvet dans l'air vif, et jusqu'au craquement de la petite armature surmenée. Puis, plus rien. C'est la nuit, la nuit profonde, avec un peu de jour resté sur l'eau...

Tout à coup, j'éprouve un tressaillement, une espèce de gêne nerveuse, comme si j'avais quelqu'un derrière moi. Je me retourne, et j'aperçois le compagnon des belles nuits, la lune, une large lune toute ronde, qui se lève doucement, avec un mouvement d'ascension d'abord très sensible, et se ralentissant à mesure qu'elle s'éloigne de l'horizon.

Déjà un premier rayon est distinct près de moi, puis un autre un peu plus loin... Maintenant tout le marécage est allumé. La moindre touffe d'herbe a son ombre. L'affût est fini, les oiseaux nous voient :

il faut rentrer. On marche au milieu d'une inondation de lumière bleue, légère, poussiéreuse; et chacun de nos pas dans les *clairs*, dans les *roubines*, y remue des tas d'étoiles tombées et des rayons de lune qui traversent l'eau jusqu'au fond.

IV

LE ROUGE ET LE BLANC

Tout près de chez nous, à une portée de fusil de la cabane, il y en a une autre qui lui ressemble, mais plus rustique. C'est là que notre garde habite avec sa femme et ses deux aînés; la fille, qui soigne le repas des hommes, raccommode les filets de pêche; le garçon, qui aide son père à relever les nasses, à surveiller les *martilières* (vannes) des étangs. Les deux plus jeunes sont à Arles, chez la grand-mère; et ils y resteront jusqu'à ce qu'ils aient appris à lire et qu'ils aient fait leur *bon jour* (première communion), car ici on est trop loin de l'église et de l'école, et puis l'air de la Camargue ne vaudrait rien pour ces petits. Le fait est que, l'été venu, quand les marais sont à sec et que la vase blanche des *roubines* se crevasse à la grande chaleur, l'île n'est vraiment pas habitable.

J'ai vu cela une fois, au mois d'août, en venant tirer les hallebrands, et je n'oublierai jamais l'aspect triste et féroce de ce paysage embrasé. De place en place, les étangs fumaient au soleil comme d'immenses cuves, gardant tout au fond un reste de vie qui s'agitait, un grouillement de salamandres, d'araignées, de mouches d'eau cherchant des coins humides. Il y avait là un air de peste, une brume de miasmes lourdement flottante qu'épaississaient encore d'innombrables tourbillons de moustiques. Chez le garde, tout le monde grelottait, tout le monde avait la fièvre, et c'était pitié de voir les visages jaunes, tirés, les yeux cerclés, trop grands, de ces malheureux condamnés à se traîner, pendant trois mois, sous ce plein soleil inexorable qui brûle les fiévreux sans les réchauffer... Triste et pénible vie que celle de garde-chasse en Camargue! Encore celui-là a sa femme et ses enfants près de lui; mais à deux lieues plus loin, dans le marécage, demeure un gardien de chevaux qui, lui, vit absolument seul d'un bout de l'année à l'autre et mène une véritable existence de Robinson. Dans sa cabane de roseaux, qu'il a construite lui-même, pas un ustensile qui ne soit son ouvrage, depuis le hamac d'osier tressé, les trois pierres noires assemblées en foyer, les pieds de tamaris taillés en escabeaux, jusqu'à la serrure et la clef de bois blanc fermant cette singulière habitation.

L'homme est au moins aussi étrange que son logis. C'est une espèce de philosophe silencieux comme les solitaires, abritant sa méfiance de paysan sous d'épais sourcils en broussaille. Quand il n'est pas dans le pâturage, on le trouve assis devant sa porte, déchiffrant lentement, avec une application

enfantine et touchante, une de ces petites brochures roses, bleues ou jaunes, qui entourent les fioles pharmaceutiques dont il se sert pour ses chevaux. Le pauvre diable n'a pas d'autre distraction que la lecture, ni d'autres livres que ceux-là. Quoique voisins de cabane, notre garde et lui ne se voient pas. Ils évitent même de se rencontrer. Un jour que je demandais au *roudeïroù* la raison de cette antipathie, il me répondit d'un air grave :

« C'est à cause des opinions... Il est rouge, et moi je suis blanc. »

Ainsi, même dans ce désert dont la solitude aurait dû les rapprocher, ces deux sauvages, aussi ignorants, aussi naïfs l'un que l'autre, ces deux bouviers de Théocrite, qui vont à la ville à peine une fois par an et à qui les petits cafés d'Arles, avec leurs dorures et leurs glaces, donnent l'éblouissement du palais des Ptolémées, ont trouvé moyen de se haïr au nom de leurs convictions politiques!

V

LE VACCARÈS

Ce qu'il y a de plus beau en Camargue, c'est le Vaccarès. Souvent, abandonnant la chasse, je viens m'asseoir au bord de ce lac salé, une petite mer qui semble un morceau de la grande, enfermé dans les terres et devenu familier par sa captivité même. Au lieu de ce dessèchement, de cette aridité qui attristent d'ordinaire les côtes, le Vaccarès, sur son rivage un peu haut, tout vert d'herbe fine, veloutée, étale une flore originale et charmante : des centaurées, des trèfles d'eau, des gentianes, et ces jolies *saladelles* bleues en hiver, rouges en été, qui transforment leur couleur au changement d'atmosphère, et dans une floraison ininterrompue marquent les saisons de leurs tons divers.

Vers cinq heures du soir, à l'heure où le soleil décline, ces trois lieues d'eau sans une barque, sans une voile pour limiter, transformer leur étendue, ont un aspect admirable. Ce n'est plus le charme intime des *clairs*, des *roubines*, apparaissant de distance en distance entre les plis d'un terrain marneux sous lequel on sent l'eau filtrer partout, prête à se montrer à la moindre dépression du sol. Ici, l'impression est grande, large.

De loin, ce rayonnement de vagues attire des troupes de macreuses, des hérons, des butors, des flamants au ventre blanc, aux ailes roses, s'alignant pour pêcher tout le long du rivage, de façon à disposer leurs teintes diverses en une longue bande égale ; et puis des ibis, de vrais ibis d'Égypte, bien chez eux dans ce soleil splendide et ce paysage muet. De ma place, en effet, je n'entends rien que l'eau qui clapote, et la voix du gardien qui rappelle ses chevaux dispersés sur le bord. Ils ont tous des noms retentissants : « Cifer !... (Lucifer)... L'Estello !... L'Estournello !... » Chaque bête, en s'entendant nommer, accourt, la crinière au vent, et vient manger l'avoine dans la main du gardien.

Plus loin, toujours sur la même rive, se trouve une grande *manado* (troupeau) de bœufs paissant en liberté comme les chevaux. De temps en temps, j'aperçois audessus d'un bouquet de tamaris l'arête de leurs dos courbés, et leurs petites cornes en croissant qui se dressent. La plupart de ces bœufs de Camargue sont élevés pour courir dans les *ferrades*, les fêtes de villages; et quelques-uns ont des noms déjà célèbres par tous les cirques de Provence et de Languedoc. C'est ainsi que la *manado* voisine compte entre autres un terrible combattant, appelé *le Romain*, qui a décousu je ne sais combien d'hommes et de chevaux aux courses d'Arles, de Nîmes, de Tarascon. Aussi ses compagnons l'ont-ils pris pour chef; car, dans ces étranges troupeaux, les bêtes se gouvernent elles-mêmes, groupées autour d'un vieux taureau qu'elles adoptent comme conducteur. Quand un ouragan tombe sur la Camargue, terrible dans cette grande plaine où rien ne le détourne, ne l'arrête, il faut voir la *manado* se serrer derrière son chef, toutes les têtes baissées tournant du côté du vent ces larges fronts où la force du bœuf se condense. Nos bergers provençaux appellent cette manœuvre : *vira la bano au gisele* — tourner la corne au vent. Et malheur aux troupeaux qui ne s'y conforment pas! Aveuglée par la pluie, entraînée par l'ouragan, la *manado* en déroute tourne sur elle-même, s'effare, se disperse, et les bœufs éperdus, courant devant eux pour échapper à la tempête, se précipitent dans le Rhône, dans le Vaccarès ou dans la mer.

NOSTALGIES DE CASERNE

Ce matin, aux premières clartés de l'aube, un formidable roulement de tambour me réveille en sursaut... Ran plan plan! Ran plan plan!...

Un tambour dans mes pins à pareille heure!... Voilà qui est singulier, par exemple.

Vite, vite je me jette à bas de mon lit et je cours ouvrir la porte.

Personne! Le bruit s'est tu... Du milieu des lambrusques mouillées, deux ou trois courlis s'envolent en secouant leurs ailes... Un peu de brise chante dans les arbres... Vers l'orient, sur la crête fine des Alpilles, s'entasse une poussière d'or d'où le soleil sort lentement... Un premier rayon frise déjà le toit du moulin. Au même moment, le tambour, invisible, se met à battre aux champs sous le couvert... Ran... plan... plan, plan, plan!

Le diable soit de la peau d'âne! Je l'avais oubliée. Mais enfin, quel est donc le sauvage qui vient saluer l'aurore au fond des bois avec un tambour?... J'ai beau regarder, je ne vois rien... rien que les touffes de lavande, et les pins qui dégringolent jusqu'en bas sur la route... Il y a peut-être par là, dans le fourré, quelque lutin caché en train de se moquer de moi... C'est Ariel, sans doute, ou maître Puck. Le drôle se sera dit, en passant devant mon moulin :

« Ce Parisien est trop tranquille là-dedans, allons lui donner l'aubade. »

Sur quoi, il aura pris un gros tambour, et... ran plan plan!... ran plan plan!... Te tairas-tu, gredin de Puck! tu vas réveiller mes cigales.

*

Ce n'était pas Puck.

C'était Gouguet François, dit Pistolet, tambour au 31e de ligne, et pour le moment en congé de semestre. Pistolet s'ennuie au pays, il a des nostalgies, ce tambour, et — quand on veut bien lui prêter l'instrument de la commune — il s'en va, mélancolique, battre la caisse dans les bois, en rêvant de la caserne du Prince-Eugène.

C'est sur ma petite colline verte qu'il est venu rêver aujourd'hui... Il est là, debout contre un pin, son tambour entre ses jambes et s'en donnant à cœur joie... Des vols de perdreaux effarouchés partent à ses pieds sans qu'il s'en aperçoive. La férigoule embaume autour de lui, il ne la sent pas.

Il ne voit pas non plus les fines toiles d'araignées qui tremblent au soleil entre les branches, ni les aiguilles de pin qui sautillent sur son tambour. Tout entier à son rêve et à sa musique, il regarde amoureusement voler ses baguettes, et sa grosse face niaise s'épanouit de plaisir à chaque roulement.

Ran plan plan! Ran plan plan!...

« Qu'elle est belle, la grande caserne, avec sa cour aux larges dalles, ses rangées de fenêtres bien alignées, son peuple en bonnet de police, et ses arcades basses pleines du bruit des gamelles!... »

Ran plan plan! Ran plan plan!...

« Oh! l'escalier sonore, les corridors peints à la chaux, la chambrée odorante, les ceinturons qu'on astique, la planche au pain, les pots de cirage, les couchettes de fer à couverture grise, les fusils qui reluisent au râtelier! »

Ran plan plan! Ran plan plan!...

« Oh! les bonnes journées du corps de garde, les cartes qui poissent aux doigts, la dame de pique hideuse avec des agréments à la plume, le vieux Pigault-Lebrun dépareillé qui traîne sur le lit de camp!... »

Ran plan plan! Ran plan plan!...

« Oh! les longues nuits de faction à la porte des ministères, la vieille guérite où la pluie entre, les pieds qui ont froid!... les voitures de gala qui vous éclaboussent en passant!... Oh! la corvée supplémentaire, les jours de bloc, le baquet puant, l'oreiller de planche, la diane froide par les matins pluvieux, la retraite dans les brouillards à l'heure où le gaz s'allume, l'appel du soir où l'on arrive essoufflé! »

Ran plan plan! Ran plan plan!...

« Oh! le bois de Vincennes, les gros gants de coton blanc, les promenades sur les fortifications... Oh! la barrière de l'École, les filles à soldats, le piston du Salon de Mars, l'absinthe dans les bouis-bouis, les confidences entre deux hoquets, les briquets qu'on dégaine, la romance sentimentale chantée une main sur le cœur!... »

*

Rêve, rêve, pauvre homme! ce n'est pas moi qui t'en empêcherai... tape hardiment sur ta caisse, tape à tour de bras. Je n'ai pas le droit de te trouver ridicule.

Si tu as la nostalgie de ta caserne, est-ce que, moi, je n'ai pas la nostalgie de la mienne?

Mon Paris me poursuit jusqu'ici comme le tien. Tu joues du tambour sous les pins, toi! Moi, j'y fais de la copie... Ah! les bons Provençaux que nous faisons! Là-bas, dans les casernes de Paris, nous regrettons nos Alpilles bleues et l'odeur sauvage des lavandes; maintenant, ici, en pleine Provence, la caserne nous manque, et tout ce qui la rappelle nous est cher!...

*

Huit heures sonnent au village. Pistolet, sans lâcher ses baguettes, s'est mis en route pour rentrer... On l'entend descendre sous le bois, jouant toujours... Et moi, couché dans l'herbe, malade de nostalgie, je crois voir, au bruit du tambour qui s'éloigne, tout mon Paris défiler entre les pins...

Ah! Paris... Paris!... Toujours Paris!

LETTRES DE MON MOULIN

Collection folio junior

DÉJA PARUS

Allan, Ted
Histoire d'un souricureuil

Andersen, Hans Christian
La reine des neiges
La vierge des glaciers

Anonymes
Ali Baba et les quarante voleurs
Aventures du baron de Münchhausen
Histoire d'Aladdin ou la lampe merveilleuse
Histoire de Sindbab le marin
Le petit bossu
Le roman de Renart *Tome 1*

Asturias, Miguel Angel
L'homme qui avait tout tout tout

Aymé, Marcel
Les contes bleus du chat perché
Les contes rouges du chat perché
Les bottes de sept lieues

Bédollière, Émile de la
Histoire de la Mère Michel et de son chat

Beecher-Stowe, Harriet
La case de l'Oncle Tom

Bonheur, Gaston
Tournebelle

Bosco, Henri
L'enfant et la rivière

Brissac, Elvire de
Grabuge et l'indomptable Amélie

Buisson, Virginie
L'Algérie ou la mort des autres

Burnett, Frances Hudges
Le petit lord Fauntleroy

Buzzati, Dino
La fameuse invasion de la Sicile par les ours
Le chien qui a vu Dieu

Cameron, Ian
Le cimetière des cachalots

Campbell, Reginald
Sa majesté le tigre

Camus, William
Les oiseaux de feu et autres contes peaux-rouges

Capote, Truman
L'invité d'un jour

Carroll, Lewis
Alice au pays des merveilles
De l'autre côté du miroir et ce qu'Alice y trouva

Cendrars, Blaise
Petits contes nègres pour les enfants des Blancs

Coren, Alan
Arthur chercheur d'or
Arthur contre les Sioux
Arthur et le diamant ombilic
Arthur la terreur du rail
Arthur le cowboy solitaire
Arthur le kid et les bandits masqués
Buffalo Arthur

Coué, Jean
Kopoli le renne guide
L'homme de la rivière Kwaï

Dahl, Roald
Charlie et la chocolaterie
Charlie et le grand ascenseur de verre
Les deux gredins
L'enfant qui parlait aux animaux
Fantastique Maître Renard
James et la grosse pêche
La potion magique de Georges Bouillon

Daudet, Alphonse
La dernière classe et autres contes du lundi
Lettres de mon moulin
Tartarin de Tarascon

Déon, Michel
Thomas et l'infini

Dhôtel, André
L'enfant qui disait n'importe quoi

Dickens, Charles
La vie de N.-S. Jésus-Christ
Le grillon du foyer

Dumas, Alexandre
Histoire d'un casse-noisette

Escoula, Yvonne
Six chevaux bleus

Fallet, René
Bulle, ou la voix de l'océan

Faulkner, William
L'arbre aux souhaits

Fon Eisen, Anthony
Le prince d'Omeya

Forsyth, Frederik
Le berger

Frère, Maud
Vacances secrètes

Gamarra, Pierre
Six colonnes à la une

Garrel, Nadine
Au pays du grand condor

Golding, William
Sa majesté des mouches

Gordon, Donald
Alerte à Mach 3

Grandville
Scène de la vie privée et publique des animaux
1) Peines de cœur d'une chatte anglaise
2) Un renard pris au piège

Grimm
Hans-mon-hérisson
et treize autres contes
Les trois plumes
et douze autres contes

Gripari, Pierre
La sorcière de la rue Mouffetard *et autres contes de la rue Broca, t. I*
Le gentil petit diable
et autres contes de la rue Broca, t. II

Guillot, René
Contes de la brousse fauve
Sama prince des éléphants

Halévy, Dominique
L'enfant et l'étoile

Hatano Isoko et Hatano Ichirô
L'enfant d'Hiroshima

Held, Jacqueline
Le chat de Simulombula

Hemingway, Ernest
Le vieil homme et la mer

Hickok, Lorena
L'histoire d'Helen Keller

Hines, Barry
Kes

Jacob, Max
Histoire du roi Kaboul Ier et du marmiton Gauwain *suivi de* **La couronne de Vulcain**

Kästner, Erich
La conférence des animaux
Les gens de Schilda

Kessel, Joseph
Le lion
Une balle perdue

Kipling, Rudyard
Histoires comme ça

Korczak, Janusz
Le roi Mathias Ier
Tome I, Tome II

La Fontaine, Jean de
Le loup et l'agneau et autres fables

Lansing, Alfred
Les rescapés de l'endurance

Laureillard, Rémi
Fred le nain et Maho le géant
Une fée sans baguette

Le Clézio, J.M.G.
Lullaby
Celui qui n'avait jamais vu la mer

Leroy, Eugène
Jacquou le Croquant

London, Jack
L'Amour de la vie
suivi de **Négore le Lâche**
L'appel de la forêt
Le mouchoir jaune
Un petit soldat

Mac Orlan, Pierre
Les clients du Bon Chien Jaune

Malineau, Jean-Hugues
La tue-mouche

Malot, Hector
En famille, *t. I*
En famille, *t. II*
Sans famille, *t. I*
Sans famille, *t. II*

Manceron, Claude
Austerlitz
Le citoyen Bonaparte

Massepain, André
L'île aux fossiles vivants

Ménard, Jean-François
Le voleur de chapeaux
L'île du Dieu maussade

Monfreid, Henri de
Abdi, enfant sauvage

Mörike, Eduard
Un voyage de Mozart à Prague

Musset, Paul de
Monsieur le Vent et Madame la Pluie

Neil, A.S.
Le nuage vert

Norton, Mary
Tous les géants sont-ils bien morts ?

Pelot, Pierre
Sierra brûlante

Pergaud, Louis
La guerre des boutons

Perrault, Charles
Contes de ma mère l'Oye

Peyramaure, Michel
La vallée des mammouths

Prévert Jacques
Contes pour enfants pas sages
Lettres des îles Baladar

Price, Willard
Pièges dans la jungle
Pièges sous le Pacifique

Renard, Jules
Poil de carotte

Roy, Claude
C'est le bouquet !
Enfantasques
La maison qui s'envole
Le chat qui parlait malgré lui

Saint-Exupéry, Antoine de
Le petit prince

Saint Luc
Évangile selon saint Luc

Sand, George
Histoire du véritable Gribouille

Ségur, Comtesse de
L'auberge de l'Ange-Gardien
François le bossu
Jean qui grogne et Jean qui rit
Le général Dourakine
Le mauvais génie
Les bons enfants
Les deux nigauds
Les malheurs de Sophie
Les nouveaux contes de fées
Les petites filles modèles
Les vacances
Mémoires d'un âne
Un bon petit diable

Sempé
Marcellin Caillou

Sempé/Goscinny
Joachim a des ennuis
Le petit Nicolas et les copains
Les récrés du petit Nicolas
Les vacances du petit Nicolas

Séverin, Jean
Le soleil d'Olympie

Solet, Bertrand
Les révoltés de Saint-Domingue

Stahl, Pierre-Jules
Les aventures de Tom Pouce

Steig, William
Dominic
L'île d'Abel

Steinbeck, John
Le poney rouge

Stevenson, Robert Louis
Le diable dans la bouteille
L'île au trésor

Stranger, Joyce
Le renard rouge et les tambours fantômes

Swift, Jonathan
Voyage de Gulliver à Lilliput

Thompson, Kay
Eloïse

Tolstoï, Léon
Maître et serviteur

Tournier, Michel
Vendredi ou la vie sauvage
L'aire du Muguet

Twain, Mark
La célèbre grenouille sauteuse *et autres contes*
Huckleberry Finn
Les aventures de Tom Sawyer

Vernes, Jules
Autour de la lune
Aventures de trois Russes et de trois Anglais dans l'Afrique Australe
Cinq semaines en ballon
De la terre à la lune
Le tour du monde en 80 jours
La journée d'un journaliste américain en 2889 *suivi de* **L'éternel Adam**
Les Indes noires
Les révoltés de la « Bounty »
Maître Zacharius *suivi de* **Un drame dans les airs**
Michel Strogoff, *t. I*
Michel Strogoff, *t. II*

Une fantaisie du docteur Ox
Un hivernage dans les glaces
Voyages au centre de la terre

Viollet-le-Duc
Le siège de la Roche-Pont

Wells, H.G.
La guerre des mondes
La machine à explorer le temps

Wilde, Oscar
L'anniversaire de l'infante
suivi de **L'enfant de l'étoile**
Le prince heureux
Le géant égoïste *et autres contes*

Wolgensinger, Jacques
L'épopée de la croisière jaune

Wou Tcheng-En
Le roi des singes

Zimnik, Reiner
Les tambours

Folio Junior, c'est aussi cinq séries :
Poésie, Énigmes, Légendes, Science-Fiction et Bilingue.

COLLECTION FOLIO JUNIOR

Folio Junior, c'est aussi cinq séries :
en Poésie, Bilingue, Enigmes, Légendes et Science-Fiction.

Série en poésie

Des thèmes

Adolescence en poésie
poèmes choisis et présentés par Christian Poslaniec et Dominique Verdier

Les animaux sauvages en poésie
poèmes choisis et présentés par Jacques Charpentreau

L'arbre en poésie
poèmes choisis et présentés par Georges Jean

L'amour et l'amitié en poésie
poèmes choisis et présentés par Georges Jean

La campagne en poésie
poèmes choisis et présentés par Georges Jean

L'eau en poésie
poèmes choisis et présentés par Coline Poirée

Le fantastique en poésie
poèmes choisis et présentés par Jacques Charpentreau

Fenêtres en poésie
poèmes choisis et présentés par Jean Delaite

La fête en poésie
poèmes choisis et présentés par Jacques Charpentreau

Les fleurs en poésie
poèmes choisis et présentés par Françoise Joly

La gourmandise en poésie
poèmes choisis et présentés par Marc Meunier-Thouret

La liberté en poésie
poèmes choisis et présentés par Georges Jean

La maison en poésie
poèmes choisis et présentés par J.M. Le Sidaner

La mer en poésie
poèmes choisis et présentés par Vincent Besnier et Pierre Marchand

La montagne en poésie
poèmes choisis et présentés par Michel Cosem

La musique en poésie
poèmes choisis et présentés par Marc Meunier-Thouret

La nuit en poésie
poèmes choisis et présentés par Jean-Pierre Begot

Les oiseaux et les animaux de l'air en poésie
poèmes choisis et présentés par Jacques Charpentreau

Paris en poésie
poèmes choisis et présentés par Marc Meunier-Thouret

Le rêve en poésie
poèmes choisis et présentés par Jean-Pierre Begot

Le rire en poésie
poèmes choisis et présentés par Jacques Charpentreau

Le temps et les saisons en poésie
poèmes choisis et présentés par Jacques Charpentreau

La ville en poésie
poèmes choisis et présentés par Jacques Charpentreau

Les voyages en poésie
poèmes choisis et présentés par Georges Jean

Des régions

La Bretagne en poésie
poèmes choisis et présentés par Jean-Pierre Foucher

Des pays

L'Allemagne en poésie
poèmes choisis et présentés par Rémi Laureillard

L'Angleterre en poésie
poèmes choisis et présentés par Frédéric Ferney

Des époques

L'Antiquité en poésie
poèmes choisis et présentés par Alain Coelho

Le Moyen Age en poésie
poèmes choisis et présentés par Hélène Pageot et Jean-Pierre Foucher

Des poètes

Guillaume Apollinaire un poète
poèmes choisis et présentés par Patrick Jusserand

Robert Desnos un poète
poèmes choisis et présentés par Michel Cosem

Victor Hugo un poète
poèmes choisis et présentés par Arnaud Laster

Prévert un poète
poèmes choisis et présentés par Arnaud Laster

Raymond Queneau un poète
poèmes choisis et présentés par François Caradec

Arthur Rimbaud un poète
poèmes choisis et présentés par Michel Contat

Jean Tardieu un poète
poèmes choisis et présentés par J.M. Le Sidaner

Paul Verlaine un poète
poèmes choisis et présentés par Denise et Louis Forestier

Série Bilingue

Bleun Brug
Le cheval aveugle
bilingue breton

Charlon, Anne
Les jardins de l'Alcazar
bilingue espagnol

Duvignaud, Françoise
Lettres d'Angleterre
bilingue anglais

Vers l'île au trésor
bilingue anglais (débutants)

El Hiny H./Boukhris K.
Le lièvre et l'éléphant
bilingue arabe

Giordan H./Lacroix J.
Le hautbois de neige
bilingue occitan

Laureillard, Rémi
Le tailleur d'Ulm
bilingue allemand

Léglise Costa, Pierre
La princesse guenon
bilingue portugais

Série Enigmes

Boileau/Narcejac
Sans-Atout contre l'homme à la dague
Sans-Atout et le cheval fantôme
Les pistolets de Sans-Atout

Conan Doyle, sir Arthur
La main brune
Les cinq pépins d'orange

Green, Julien
La nuit des fantômes

Lindgren, Astrid
L'as des détectives

Poe, Edgar
Double assassinat dans la rue Morgue, suivi de
La lettre volée
Le scarabée d'or
Le sphinx

Solet, Bertrand
Un tambour dans la nuit

Stevenson, Robert Louis
Le diamant du rajah

Twain, Mark
Une aventure de Tom Sawyer détective

Vernières, François
L'affaire Mister John
Enquête sur la grand-côte

Véry, Pierre
Les disparus de Saint-Agil
L'assassinat du Père Noël

Série Légendes

Deux grains de grenade
contes du Maghreb recueillis par J. Scelles-Millie

La fille du prince de Bakhtan
contes égyptiens présentés par G. Maspéro

L'honnête commis Tchang
contes chinois présentés par André Lévy

La saga d'Eric le Rouge
contes nordiques présentés par C.G. Bjurström

Légende des Niebelungen
légende germanique présentée par C. Mettra

Le singe et la grenouille
légendes de Bali présentées par M.T. Berthier et J.T. Sweeney

Chrétien de Troyes
Lancelot le chevalier à la charrette
Yvain, le chevalier au lion

Gougaud, Henri
La rue du puits qui parle
contes de Paris

Hugo, Victor
Bligger le fléau
légendes du Rhin

Jakez Hélias, Pierre
L'esprit du rivage
légendes de la mer

Jaloux, Edmond
Le coche fantôme
histoires de fantômes anglais

André Mary
Le bel inconnu

Série Science-fiction

Présentée par Christian Grenier

Collectifs :

Dans la comète
Journal d'un monstre
La montagne sans nom
La lune était verte
Le brouillard du 26 octobre
L'homme qui n'oubliait jamais
L'horreur tropicale
Un coup de tonnerre
Un homme contre la ville

Grimaud, Michel
Le tyran d'Axilane

Lem, Stanislas
Le bréviaire des robots

Sohl, Jerry
L'invention du professeur Costigan, t. I
Les robinsons d'un autre monde, t. II

Wul, Stefan
Niourk

Achevé d'imprimer
le 10 octobre 1983
sur les presses de
l'Imprimerie Hérissey
à Évreux (Eure)

N° d'imprimeur : 32950
Dépôt légal : octobre 1983
1er dépôt légal dans la même collection : octobre 1979
ISBN 2-07-033115-6

Imprimé en France

32738